# Dr. Thomas Seyfried:
# El cáncer como enfermedad metabólica

Bueno, muchas gracias. Me gustaría dar las gracias a CrossFit y Greg por apoyarnos. También me gustaría dar las gracias a Jeff Glassman por las buenas preguntas que nos hizo en el pasado, para validar algunas de nuestras teorías. Ya sabes, necesitamos gente así, es bueno tener gente que cuestione la información que presentas. Nos hace mejores para explicar esto.

Para su información: No tengo declaraciones financieras.

Muy bien, así que lo que me gustaría hacer para empezar esto es, básicamente, para presentar un informe sobre nuestro enfoque para el manejo del cáncer.

Y como ya he dicho, hoy voy a hablarles del cáncer en general y también a centrarme en tipos específicos de cáncer, en particular el glioblastoma. Como ejemplo ilustrativo de nuestro enfoque de la gestión de la enfermedad.

Ahora bien, estas son cifras que podemos tomar de la Sociedad Americana del Cáncer, que publica cada año datos sobre el número total de casos y muertes. La guerra contra el cáncer y el éxito que estamos teniendo no van bien.

Así que he recopilado los datos, sólo en los últimos cinco años:

**El aumento del porcentaje de muertes por cáncer es mayor que el aumento de los nuevos casos**

Estadísticas sobre el cáncer en Estados Unidos 2013-17

| Año | Nuevos casos | Muertes/año | Muertes/día |
|---|---|---|---|
| 2013 | 1,660,290 | 580,350 | 1,590 |
| 2014 | 1,658,370 | 585,720 | 1,605 |
| 2015 | 1,658,370 | 589,430 | 1,615 |
| 2016 | 1,685,210 | 595,690 | 1,632 |
| 2017 | 1,688,780 | 600,920 | 1,646 |
| % Aumentar | 1,7% | 3,4% | 3,4% |

Datos de la Sociedad Americana del Cáncer

Esto es de 2013 a 2017 y, como puedes ver, son cifras bastante aleccionadoras. Las desglosamos en nuevos casos, muertes por año y muertes por día, simplemente dividiendo por 365, para dar una estimación. Y te darás cuenta de que las muertes por día y por año superan a las de los nuevos casos. Nada bueno.

Para poner las cosas en perspectiva: El aumento de la población en los Estados Unidos durante el mismo período de tiempo fue de alrededor del 2,9%. Entonces, ¿cómo va esta guerra contra el cáncer? Mire las cifras y tome su propia decisión. Estos son números que no se ven en la televisión, ¿verdad? Ves Opdivo y Keytruda y ese tipo de cosas, pero no ves el aumento constante de muertes por día.

Así que la pregunta que tenemos que hacernos es: ¿Qué está pasando aquí? ¡No estamos teniendo éxito aquí! Esto es un fracaso de proporciones monumentales, ¿verdad? ¡Son cifras enormes! En China mueren más de 8.000 al día de cáncer. ¡El cáncer ya ha superado a las enfermedades cardíacas en China!

Salimos y recaudamos dinero para el cáncer, ¿verdad? Todos lo sabéis, corréis, saltáis... No sé si ustedes hacen 'CrossFit por el cáncer'. Pero todo el mundo recauda dinero para el cáncer, les hace sentir bien. Nadie pregunta: ¿Cuánto del dinero que recaudamos va a la investigación del cáncer? Y lo que es más importante: ¿Qué tipo de investigación están haciendo con todo ese dinero?

El gobierno federal gasta millones de dólares en la investigación del cáncer. La gente está recaudando dinero, "¡Levántate contra el cáncer!" Mira, cuanto más dinero recaudamos para el cáncer, más cáncer tenemos. Así que tienes que decir: ¿Qué está pasando aquí? ¿Cómo se explica esto?

**Y tiene que ver con un malentendido fundamental de cuál es la naturaleza de esta enfermedad.**

Se nos ha hecho creer que se trata de una enfermedad genética, pero voy a presentar pruebas que demuestran lo contrario.

He aquí una simple caricatura de una célula con un núcleo y una mitocondria, dentro de una membrana celular:

# Juan Rockermeier

## El cáncer como enfermedad metabólica. Sobre el origen, el manejo y la prevención del cáncer

---

La informacion mas importante en espanol de Dr. Thomas Seyfried

---

*Transcripciones revisadas*

*(revisión final del capítulo 1 - por el Dr. Thomas Seyfried)*

El 25% de los derechos se destinará a la
investigación del cáncer a través de
**The Foundation for Metabolic Therapies**

Cualquier reseña sería GRANDEMENTE
para difundir el mensaje.

# TABLE OF CONTENTS


**Capítulo 1**

Dr. Thomas Seyfried:
El cáncer como enfermedad metabólica ... 3

**Capítulo 2**

El Dr. Dominic D'Agostino sobre
la dieta cetogénica y el tratamiento
del cáncer con pulsos de prensa ... 52

**Capítulo 3**

*En pos de la salud nº 97;*
*Entrevista con el Dr. Thomas Seyfried* ... 60

**Capítulo 4 - *Bonus Text***

El origen (y el futuro) de la Dieta Ketogénica ... 96

Agradecimientos ... 135

Otro libro de nutrition ... 136

Sources ... 138

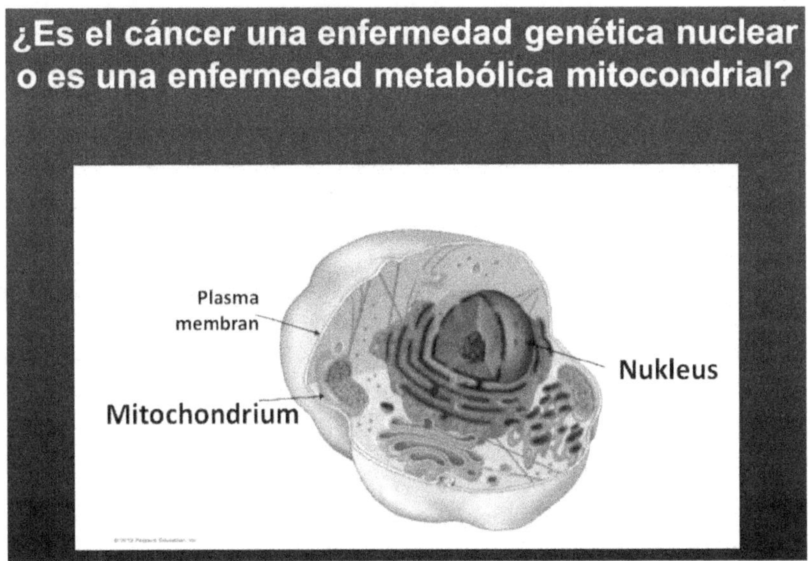


Así que sabemos que hay mutaciones en el núcleo, pero también sabemos que hay defectos en las mitocondrias. Y les mostraré datos que demuestran que el origen de esta enfermedad es una anomalía metabólica mitocondrial. No es una enfermedad genética nuclear. Las mutaciones que se ven en el núcleo proceden en realidad de especies reactivas del oxígeno (ROS) producidas por las mitocondrias.

Lo que todo el campo ha estado haciendo durante las últimas seis o siete décadas, ¡es perseguir pistas falsas! Como consecuencia, 1.600 personas mueren cada día de esta enfermedad.

Así que el dogma actual dice: **El cáncer es una enfermedad genética.** Y esto se solidifica en este importante documento:

*Hallmarks of Cancer* de Hanahan y Weinberg, uno de los artículos más citados en todo el campo del cáncer. Lo que dicen es lo siguiente Las células cancerosas portan las mutaciones oncogénicas y supresoras de tumores que definen el cáncer como una enfermedad genética.

Y decimos que es un dogma, porque se presenta como si fuera una verdad irrefutable. Un dogma ya no se cuestiona, es un punto de vista solidificado. Si entras en cualquier libro de texto de biología, bioquímica o biología celular y vas a la sección de cáncer, dice "el cáncer es una enfermedad genética". Vas a la página web del NCI, el Instituto Nacional del Cáncer, "el cáncer es una enfermedad genética".

No hay más discusión que el hecho de que el cáncer es una enfermedad genética. Muchos de ustedes fueron a la escuela de medicina, probablemente aprendieron que el cáncer es una enfermedad genética. Todos los cursos universitarios sobre biología celular: El cáncer es una enfermedad genética.

Lo que este concepto ha hecho ahora, es que ha adoctrinado a varias generaciones de científicos y médicos en este punto de vista de que el cáncer es una enfermedad genética.

La teoría de la mutación somática es el fundamento sobre el que se basa el punto de vista de que "el cáncer es una enfermedad genética". Y, básicamente, lo que la teoría de la mutación somática dice, es que "Bueno, tenemos mutaciones aleatorias":

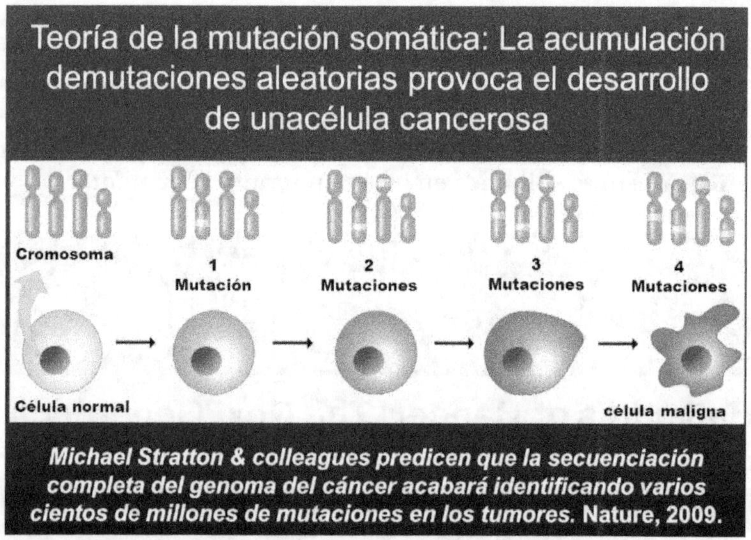


Mutaciones aleatorias que se acumulan. Y eventualmente, se convierte una célula de apariencia normal en esta célula dismórfica, de tipo mesenquimal. Pero nadie sabe realmente cuántas mutaciones se necesitan para causar... o cómo se relaciona con la formación de un tumor. ¿Son 1, 2 o 4 mutaciones?

Michael Stratton del Reino Unido dice "Vamos a tener 100 millones de genes que se van a encontrar", y "mira la secuenciación profunda que sale del Instituto Broad", y estos diversos lugares". Se han identificado miles y miles de mutaciones.

Y luego tienen que etiquetarlas con diferentes nombres, "conductores" y "pasajeros" y "acompañantes". Un montón de cosas están pasando allí.

¡Y nadie habla de los cánceres que no tienen mutaciones! No se habla de ellos.

¿Adónde nos lleva todo esto? ¿A dónde hemos llegado en este viaje para controlar el cáncer? Ahora hemos llegado a estos términos "terapia personalizada", "medicina de precisión"... todo esto se basa en el punto de vista de que el cáncer es una enfermedad genética.

Así que usted tiene este tipo de imágenes, aquí:

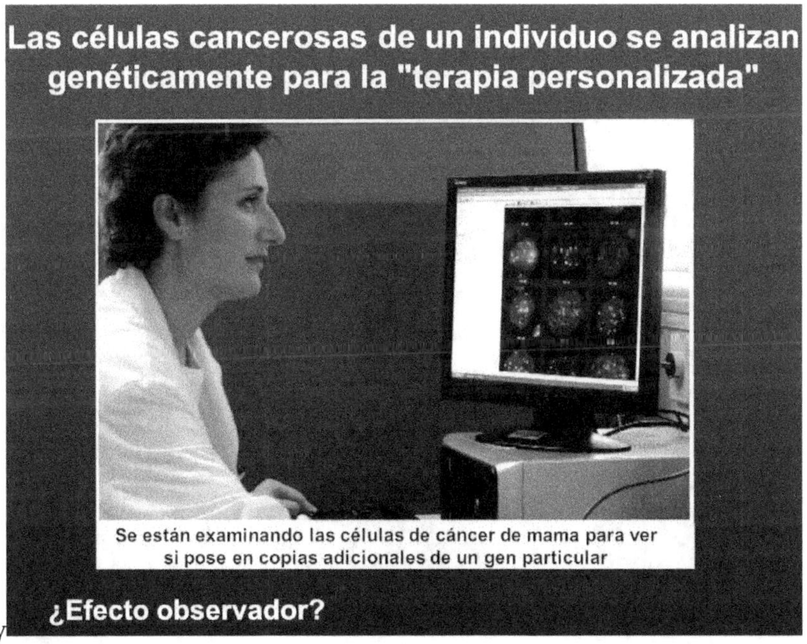


y

Tienes a esta mujer mirando fijamente a una pantalla y está buscando información sobre el cáncer de mama para ver si puede poseer copias extra de un gen en particular. Que se utilizaría, en teoría, como una herramienta de diagnóstico con una posible aplicación terapéutica. Ahora, para obtener esa información por lo general se hace una biopsia con aguja.

Así que tienes que tomar una biopsia con aguja de un tejido en particular, en este caso sería un cáncer de mama. Así que apuñalas el tejido y en el proceso de apuñalar el tejido, para obtener la información que está viendo en esa pantalla. La biopsia cambia el microambiente del tejido. Has tomado potencialmente un estado premaligno y al apuñalarlo para obtener esta información, ahora has puesto a esa persona en riesgo.

Ahora, muy interesante: La información que se obtiene para este tipo de detección es de alrededor de $ 7.200 para hacer una de estas proyecciones. Para obtener la información que usted puede mirar y decir "Oh, tenemos este tipo de batería de genes". Ahora, esto estaría bien si tuviera algún valor redentor, ¿verdad? Pero no tiene ningún valor.

Pero pones a la gente en riesgo de cáncer por el propio proceso de extracción de tejido. El fenómeno se llama oncotaxis inflamatoria: Es un efecto observador. Al mirarlo, lo has cambiado.

Ahora quiero hablarles de las pruebas que no apoyan la teoría de la mutación somática del cáncer. Y siempre que desafías cualquier tipo de dogma solidificado obtienes la misma respuesta. Ayer vimos una de estas imágenes. Viene de Nikko, Japón. Estos son los monos de Nikko:

De hecho, fui a Japón. Tienen tallas de ellos que son un poco diferentes a esto, pero es básicamente similar: No quieres mirar los datos, no quieres hablar de ello, no quieres oír hablar de ello. Cualquier cosa que desafíe tu visión del mundo. No me importa si es una religión, una filosofía política o un concepto científico. Generalmente obtienes

8

este tipo de respuesta. Sé que es difícil, es difícil para la gente ver las cosas de manera diferente.

Así que lo que hice en el capítulo 11 de mi libro... Este es un artículo que escribí un par de años después del libro, para actualizar más y más las cuestiones asociadas con la información que no apoya la teoría de la mutación somática:

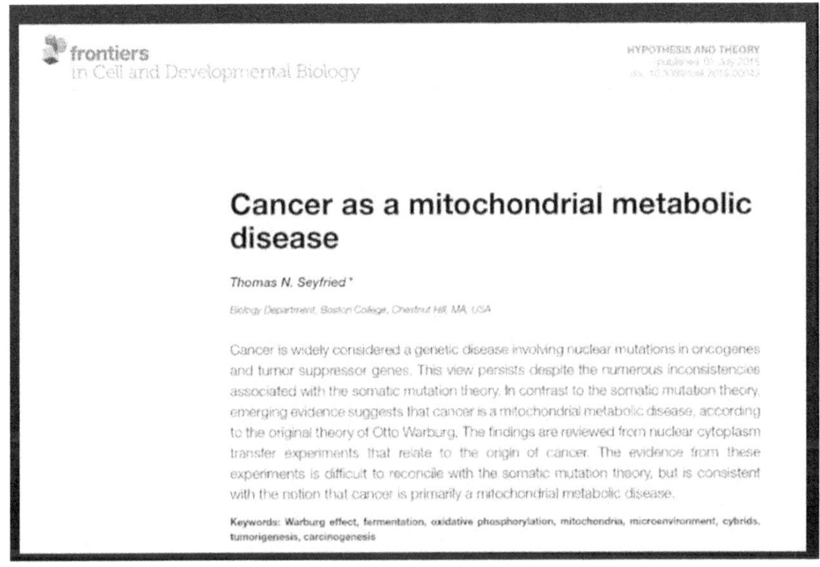

frontiers
in Cell and Developmental Biology

HYPOTHESIS AND THEORY
published 01 July 2015

# Cancer as a mitochondrial metabolic disease

Thomas N. Seyfried *

Biology Department, Boston College, Chestnut Hill, MA, USA

Cancer is widely considered a genetic disease involving nuclear mutations in oncogenes and tumor suppressor genes. This view persists despite the numerous inconsistencies associated with the somatic mutation theory. In contrast to the somatic mutation theory, emerging evidence suggests that cancer is a mitochondrial metabolic disease, according to the original theory of Otto Warburg. The findings are reviewed from nuclear cytoplasm transfer experiments that relate to the origin of cancer. The evidence from these experiments is difficult to reconcile with the somatic mutation theory, but is consistent with the notion that cancer is primarily a mitochondrial metabolic disease.

Keywords: Warburg effect, fermentation, oxidative phosphorylation, mitochondria, microenvironment, cybrids, tumorigenesis, carcinogenesis

Todo lo que hice fue tomar artículos de la literatura que habían sido escupidos durante años y reunirlos todos en un grupo de documentos - y reevaluar la información de esos documentos a la luz de las dos teorías que compiten por el origen de la enfermedad. Así que, se reúnen todos y luego se miran los datos y se dice "¿Apoyan los datos con más fuerza una hipótesis, o teoría, sobre la otra?".

Y se llega a la conclusión de que la teoría de la mutación somática no tiene sentido, en relación con la teoría del metabolismo mitocondrial. Sabes, lo que es muy interesante acerca de esto, cuando Gary dio su charla ayer... acerca de la dificultad de reproducir hallazgos...

Me parece notable que estos diferentes tipos de experimentos fueron hechos por diferentes individuos, con diferentes tipos de tumores, diferentes protocolos... pero todos llegando a una conclusión similar que no apoya la teoría de la mutación somática. Pero los datos apoyan más fuertemente la teoría de Otto Warburg del me-tabolismo energético perturbado.

Así que vamos a ver un par de estos experimentos. Y, ya sabes, el punto importante de este documento es: No dejes que nadie te diga lo que piensan al respecto. ¡Ustedes son gente inteligente! Le digo a la gente "Lean el documento original y lleguen a su propia conclusión. Tomad vuestra propia decisión". No preguntes: "Oye, ¿qué opinas de ese artículo? ¿Te gusta o no? Sí, a lo mejor no es bueno".

Es increíble la cantidad de gente que se informa de segunda o tercera mano, en lugar de acudir a la fuente original. Léela. Tú decides si te gusta. Haz como el Dr. Glassman, ¡hazme mil preguntas y estaré encantado de responderlas!

Veamos algunos de los datos:

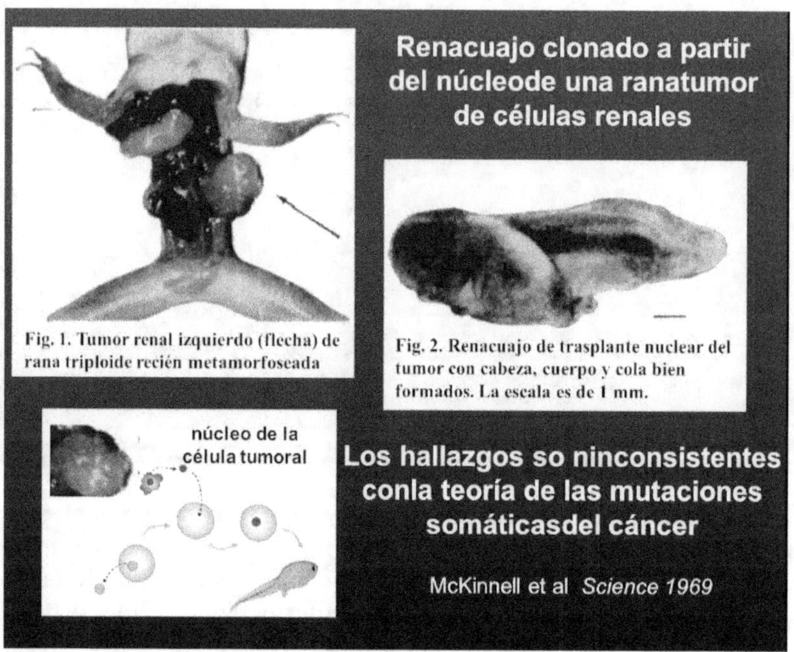



Esto lo hicieron McKinnell y su grupo y se publicó en *Science* en 1969. Tuve la oportunidad de hablar con el Dr. McKinnell antes de que falleciera hace un par de años y discutimos estos datos en profundidad.

Así que esta rana tiene un tumor renal masivo en el riñón. Es un tumor renal en el riñón, mata a la rana, muy agresivo. Así que lo que McKinnell y su grupo hicieron es: Aislaron las células de este tumor renal y luego tomaron el núcleo de la célula del tumor renal y lo pusieron en un óvulo fertilizado. El núcleo original del óvulo fue eliminado.

Aquí está la célula tumoral, se toma el núcleo que tiene los supresores tumorales y oncogenes y lo que sea - y se pone en este nuevo citoplasma que tiene mitocondrias normales y se obtiene un renacuajo. Y miraron con mucho cuidado, no había evidencia de la característica del cáncer, el crecimiento celular desregulado, en cualquier lugar. Todo parecía perfectamente normal.

El problema es que este renacuajo no podía desarrollarse completamente hasta convertirse en una rana ma-ture. Así que cualquiera que fuera el problema en el núcleo del tumor, no permitía al organismo madurar completamente. Así que las mutaciones nucleares no causaron cáncer, sino que bloquearon el desarrollo.

Estos hallazgos son inconsistentes con la teoría de la mutación somática, que dice que los genes están causando el fenotipo de crecimiento celular desregulado.

Otro documento:

# Reprogramming of a melanoma genome by nuclear transplantation

Konrad Hochedlinger,[1,4] Robert Blelloch,[1,2,4] Cameron Brennan,[3] Yasuhiro Yamada,[1] Minjung Kim,[3] Lynda Chin,[3,5] and Rudolf Jaenisch[1,6]

[1]Whitehead Institute for Biomedical Research, and Department of Biology, Massachusetts Institute of Technology, Cambridge, Massachusetts 02142, USA; [2]Department of Pathology, Brigham and Women's Hospital, Boston, Massachusetts 02115, USA; [3]Department of Medical Oncology, Dana-Farber Cancer Institute, Department of Dermatology, Harvard Medical School, Boston, Massachusetts 02115, USA

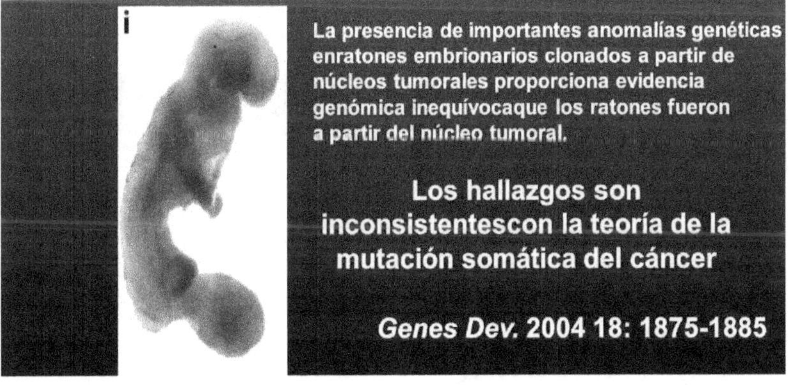


Sólo te voy a dar información de algunos de estos estudios, puse un montón de ellos en el papel. Podría tomar, ya sabes, dos días repasando esos experimentos, pero sólo voy a mostrarte algunos de ellos.

Ahora, este estudio fue realizado por Rudy Jaenisch y sus colegas en el MIT. Rudy es uno de los mejores y más preeminentes biólogos del desarrollo. Y tomó estas células de melanoma, melanoma maligno, y caracterizó muchas de las mutaciones en el núcleo de la célula de melanoma. Luego tomó el núcleo e hizo células madre embrionarias y clonó ratones a partir del núcleo de melanomas.

Él dice aquí "La presencia de anomalías genéticas importantes en ratones embrionarios clonados a partir de los núcleos tumorales proporciona pruebas genómicas unequivo-cal, que los ratones fueron clonados a partir del núcleo del tumor" - pero no mostraron ningún crecimiento celular desregulado. Estos resultados no concuerdan con la teoría de la mutación somática del cáncer.

La Dra. Wong y su grupo del Baylor College of Medicine realizaron otra serie de experimentos en los que intercambiaron mitocondrias de una célula a otra. Se trata de experimentos mucho más difíciles que los de transferencia nuclear.

Así que toman células de cáncer de mama agresivo, maligno y metastásico, extraen las mitocondrias del citoplasma y traen mitocondrias normales de células normales que no tienen cáncer. Y se suprimieron los oncogenes y el crecimiento anormal.

Por otro lado, tomaron las mitocondrias de las células de cáncer de mama agresivo y las pusieron en una célula indolente (un tipo de cáncer de bajo crecimiento) explotaron en alto crecimiento. Así que tienes un resultado muy diferente. Son las mitocondrias las que mandan, no el núcleo.

Así que lo que hicimos para transmitir y resumir todos estos datos de todos estos tipos de experimentos de transferencia nuclear / mitocondrial en este sencillo diagrama, que ahora está haciendo su camino a través de la web:

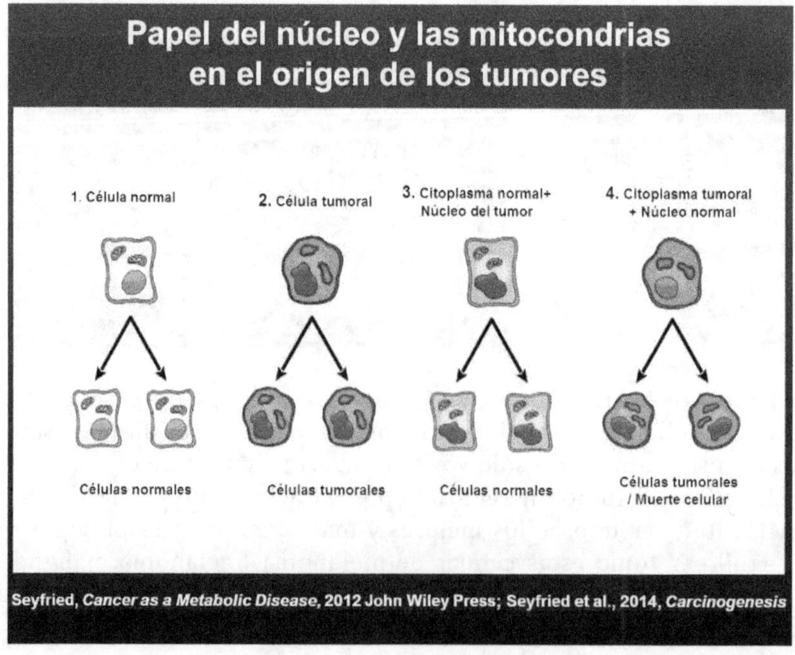


Lo que muestro aquí es: La célula verde, que es una célula normal, tiene células normales. Tienen un genoma normal, tienen respiración normal. La célula roja es la célula tumoral. Las células tumorales engendran células tumorales. Una célula tumoral engendra más células tumorales. Tienen defectos genéticos en el núcleo y también tienen defectos en la mitocondria.

¿Cuál es el origen de la enfermedad? ¿Son los defectos en el núcleo o son los defectos en las mitocondrias? Los experimentos de transferencia nuclear y transferencia mitocondrial lo demuestran: Si se toma el núcleo rojo y se traslada al citoplasma verde, se obtienen células normales que se comportan con normalidad, crecen con normalidad, forman tejidos normales, a veces órganos y a veces ratones o ranas enteros.

Por otro lado, Israel y Schaefer tomaron el núcleo verde y lo colocaron en el citoplasma rojo. Y en ese caso, se obtenían células muertas o células tumorales. No obtuvieron células normales. Se trata exactamente de los resultados opuestos que cabría esperar si se tratara de una enfermedad genética.

Los experimentos de transferencia nuclear/mitocondrial son la prueba más contundente hasta la fecha que socava la teoría genética del cáncer. La prueba más contundente. ¡Nadie ha sido capaz aún de explicar cómo obtenemos todos estos hallazgos basándonos en la teoría de la mutación somática del cáncer!

Así que si ese es el caso: ¿Por qué el campo de la oncología sigue persistiendo con terapias que se basan en una hipótesis subyacente defectuosa?

**Si las mutaciones somáticas no son el origen del cáncer,
¿cómo obtenemos células cancerosas?**

Otto Warburg lo describió hace mucho tiempo, a principios del siglo XX:

# On the Origin of Cancer Cells
Otto Warburg (Science, 24 February, 1956)

## Teoría de Warburg sobre el cáncer

- Las células cancerosas surgen por daños en la respiración
- La energía de la fermentación compensa gradualmente la respiración insuficiente.
- Las células cancerosas siguen fermentando el ácido láctico en ausencia de oxígeno.

Esto se llama el "Efecto Warburg" y desafortunadamente el Efecto Warburg ha confundido significativamente este campo, haciéndolo confuso para mucha gente. Porque decían "Bueno, hay algunas células tumorales que no muestran un Efecto Warburg, ¡por lo tanto Otto Warburg debe estar equivocado!".

Bueno, yo y algunos de mis colegas, propusimos que las células cancer no sólo pueden fermentar azúcar (glucosa), sino que también pueden fermentar aminoácidos. Y ese aminoácido es principalmente la glutamina, a través del paso succinil-CoA-ligasa y esto no es bien conocido por mucha gente. Básicamente, este es el eslabón perdido en la teoría cen-tral de Warburg.

Así que las células están fermentando, pero no sólo ácido láctico, pueden fermentar aminoácidos y en particular glutamina. Voy a presentar evi-dencia de eso.

- El aumento de la fermentación es la mala-día metabólica característica de todas las células cancerosas

Ahora bien, si tomamos un tumor y observamos este tumor y separamos las células del tumor: Cada célula de ese tumor tiene un perfil genético diferente. No hay dos células en ese tumor que tengan el mismo tipo de mutaciones. Esto se ha demostrado una y otra vez.

Sin embargo, cada célula de ese tumor está fermentando. Ahora, la pregunta que les hago: ¿Es más lógico centrarse en el problema común que existe en todas las células del tumor o cree que tiene más sentido centrarse en las diferencias individuales y únicas de cada célula de ese tumor? ¿No es así? La respuesta debería estar clara.

Pero lo hacemos mal. Nos centramos en las diferencias individuales únicas a expensas de la fisiopatología común, y eso es lo que llamamos la teoría de la mutación somática del cáncer. Como consecuencia, mueren 1.600 personas al día.

Ahora, veamos esto, energía:

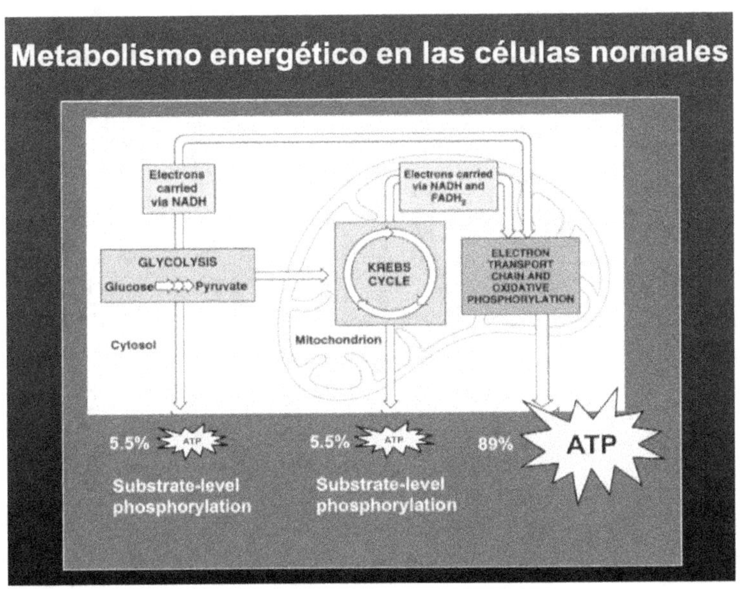


De acuerdo. Así, en una situación normal (esto es una caricatura de sólo las mitocondrias) la mayor parte de la energía que obtenemos en nuestro cuerpo proviene de la respiración. Alrededor del 89 al 90 por ciento a través de la fosforilación oxidativa, la respiración. Obtenemos cantidades más pequeñas de energía a través de estas antiguas vías de fosforilación a nivel de sustrato. En el citoplasma, en forma de glucólisis y en el ciclo de Krebs mitocondrial a través de la succinil-CoA-ligasa paso.

Y todos sabemos esto, esto es bioquímica, ¿verdad? Todos respiramos. Todos somos... bueno, creo. ¿Algún zombi por aquí? Ellos no respiran. Pero la cuestión es: La mayoría de nosotros respiramos y cuando haces ejercicio respiras más y de ahí sacamos nuestra energía, ¿no?

Bien, ahora mira la célula cancerosa:

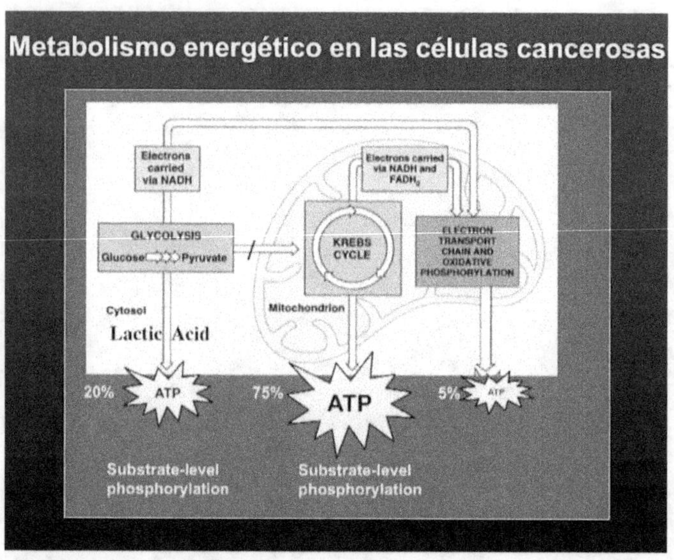


Esta es la misma imagen, pero te darás cuenta de que hay un cambio importante en donde la energía está viniendo. Mucha menos energía proviene de la fosforilación oxidativa y mucha más proviene de estas vías antiguas y primitivas: la fosforilación a nivel de sustrato.

Y se ve que... ahora sabemos, y estamos aprendiendo más, que la mayor parte de la energía sale de la mitocondria, pero no a través de la OxPhos [fosforilación oxidativa], sino a través del ciclo de Krebs. Esta es la nueva comprensión de la que estamos hablando, este es el eslabón perdido en la teoría de Warburg.

Así que los tumores obtienen mucha energía del metabolismo fermentativo. Los tumores pueden obtener energía sin oxígeno, ¡y es de ahí de donde las células cancerosas obtienen su energía! Así que la gente dice "¿Cómo conseguimos el cáncer entonces?" Bueno, todo lo que tenemos que hacer es tomar todos los datos que se publicaron en el campo del cáncer en los últimos, ya sabes, 100 años y simplemente reconfigurarlos, junto con el *documento Hallmarks* de Hanahan y Weinberg.

Luego tomamos la información y simplemente reorganizamos la imagen. Y ahora podemos armar, de una manera más lógica, el origen de "Cómo contraemos cáncer" - y una vez que sepamos eso, entonces sabremos cómo manejar la enfermedad. Esto resulta mucho más claro:

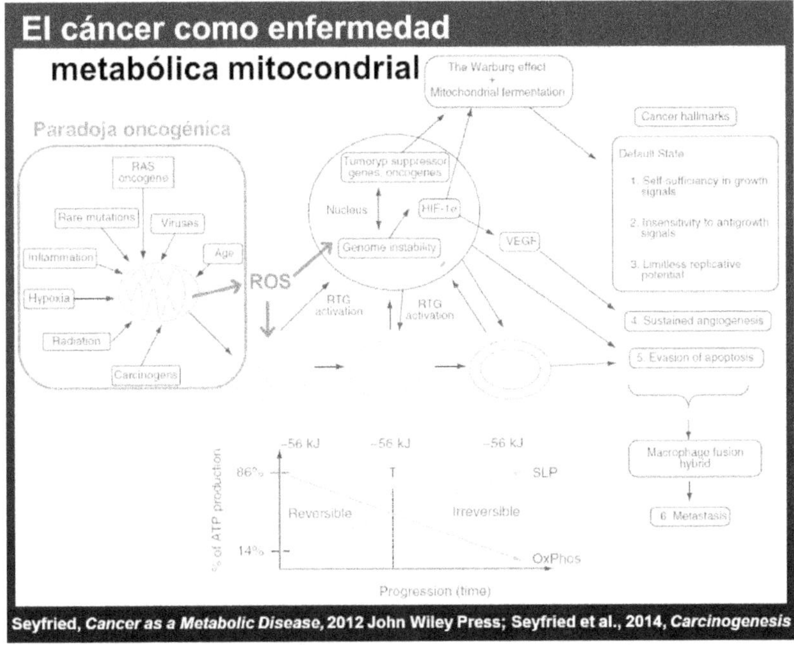



Así que lo que tenemos aquí a la izquierda es la mitocondria y la gente dice "¿Cómo se contrae el cáncer?" Bueno, usted puede contraer cáncer de cualquier número de cosas diferentes, ¿verdad? Los carcinógenos causan cáncer. Puedes contraer cáncer si te expones a carcinógenos. La radiación causa cáncer. La hipoxia (ausencia de oxígeno) puede causar cáncer. Inflamación sistémica, esto nos lo contó Axel, nos habló de la inflamación sistémica y otras.

Mutaciones hereditarias raras: La gente dice "Debe ser genético, porque tienes BRCA1 y P53... Angelina Jolie se extirpó los pechos y los ovarios a causa del BRCA1, está intentando reducir su riesgo...

Todo eso es secundario. Es secundario, porque esas mutaciones BRCA1 no causan cáncer, a menos que dañe la respiración. Y hay personas que tienen BRCA1s que nunca tendrán cáncer, porque el gen no está dañando la respiración.

El oncogén Ras daña la respiración.

Los virus de la hepatitis C y del papiloma entran en las mitocondrias y dañan la respiración. La edad aumenta el riesgo de cáncer... así que todos estos factores de riesgo dispares se denominaron la paradoja oncogénica, ¿verdad?

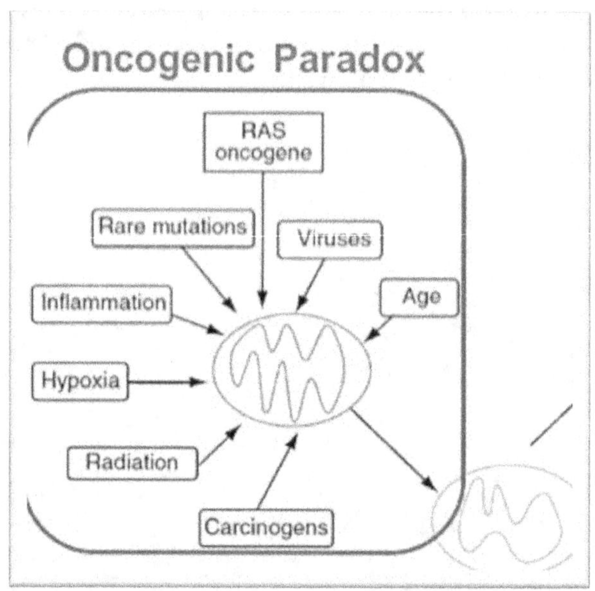


Esto fue señalado por primera vez por Albert Szent-Györgyi, que dijo: "¡Eh, hay tantas formas diferentes de contraer cáncer, pero el mecanismo fisiopatológico común no está claro!". Bueno, una vez que entiendes que es una enfermedad metabólica mitocondrial, ¡el mecanismo se vuelve muy claro!

Y si lees el libro de Sid Mukherjee sobre el Emperador de todos los males, el que estuvo en la lista de los más vendidos del New York Times, y fue el libro sobre el cáncer ganador del Premio Pulitzer... ¡él lucha con esto! Si lees las páginas 285 y 303 de su libro, dice: "Sabes, es como si no... ¡no pudiéramos entender cómo se contrae cáncer de todas estas cosas diferentes!".

Usted consigue el cáncer de todas estas cosas diferentes, ya que dañan la respiración y forman especies reactivas del oxígeno [ROS]. ¡Y las especies reactivas de oxígeno son cancerígenas y mutagénicas!

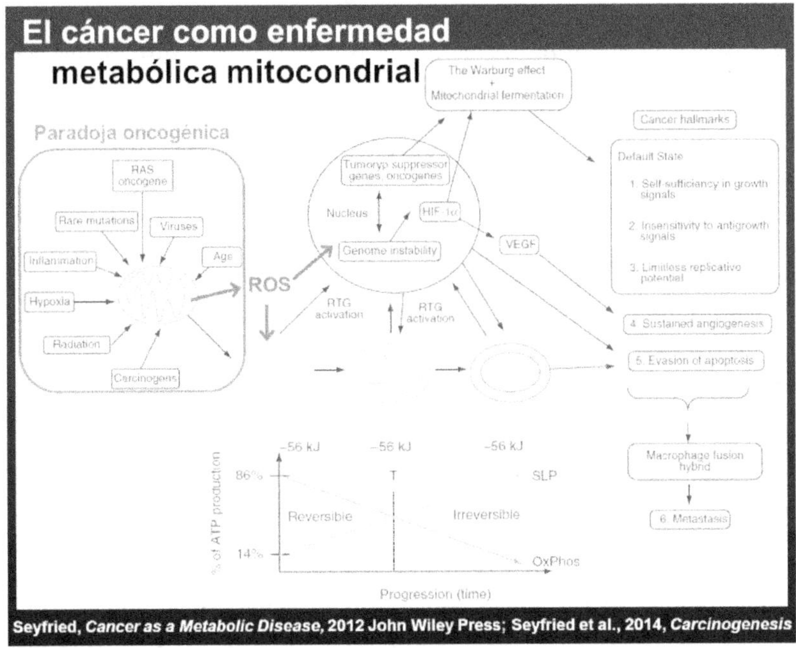


Seyfried, *Cancer as a Metabolic Disease*, 2012 John Wiley Press; Seyfried et al., 2014, *Carcinogenesis*

Así que las mutaciones que se ven en el núcleo, que todo el mundo está siguiendo - estos arenques rojos - vienen todos como una causa secundaria a los daños a la respiración.

**No son la causa, ¡son los efectos!**

¿De acuerdo? Y cuando se generan las ROS, dañan aún más la respiración, ¡las células se asfixian! ¿De dónde van a obtener su energía? Tienen que aumentar el nivel de sustrato de fosforilación.

Así que usted ve aquí en la parte inferior, la línea verde hacia abajo y la línea roja hacia arriba, la fosforilación a nivel de sustrato. Lo que significa un metabolismo de fermentación. Entonces, ¿qué están fermentando? ¡Están fermentando glucosa y glutamina! Esos son los dos combustibles que están impulsando la energía. ¡Porque sin energía nada vive! ¡Peri-od!

La energía lo es todo. ¡Sin energía, no sobrevives!

Así que lo que está pasando con estas células es: Están cambiando su energía de la respiración a un metabolismo de fermentación, utilizando combustibles fermentables disponibles. Así que ahora podemos juntar todas las características del cáncer de una manera más lógica, todas vinculadas a daños en la respiración.

Las tres primeras características de Hanahan y Weinberg son el resultado de la recaída de la célula en su estado por defecto, el estado que tenían las células antes de que el oxígeno entrara en la atmósfera,

¡hace unos 2.500 millones de años! Donde todo en el planeta fermentaba. ¡Estaban fermentando aminoácidos y cualquier otra cosa que pudieran conseguir!

Y durante ese período de tiempo las células estaban en un estado de proliferación desenfrenada y proliferarían como locas, hasta que los combustibles fermentables en el microambiente desaparecieran y croaran. Y arrojaban todo este material de desecho al microambiente. En el cáncer esto conduce a la vascularización o an-giogénesis - otra industria multimillonaria que se basa en, ya sabes, hallazgos indirectos.

De acuerdo. Entonces dices "Bueno, si esta célula cancerosa está empezando a sufrir, debería morir, ¿verdad?" Sí, debería someterse a la muerte celular programada y caer muerta, eso se llama apoptosis. ¿Por qué no se someten a la apoptosis? Porque las mitocondrias controlan el sistema de señalización apoptótica en la célula. ¡Las mitocondrias son el "interruptor de muerte" de la célula! Y su interruptor está roto y estas células están evitando la apoptosis. No están muriendo, están proliferando.

Así que el gran perro en todo este asunto es la metástasis. Vale, sabes, puedo estar de acuerdo con esto. ¿De dónde viene la metástasis? Que es, en última instancia, el mayor reto en la gestión de los cánceres, tratando de controlar cuando se propaga a través de su cuerpo.

Ahora, tienes que entender la biología de la enfermedad. Una vez que entiendas la biología de la enfermedad, puedes empezar a juntar las piezas del rompecabezas:

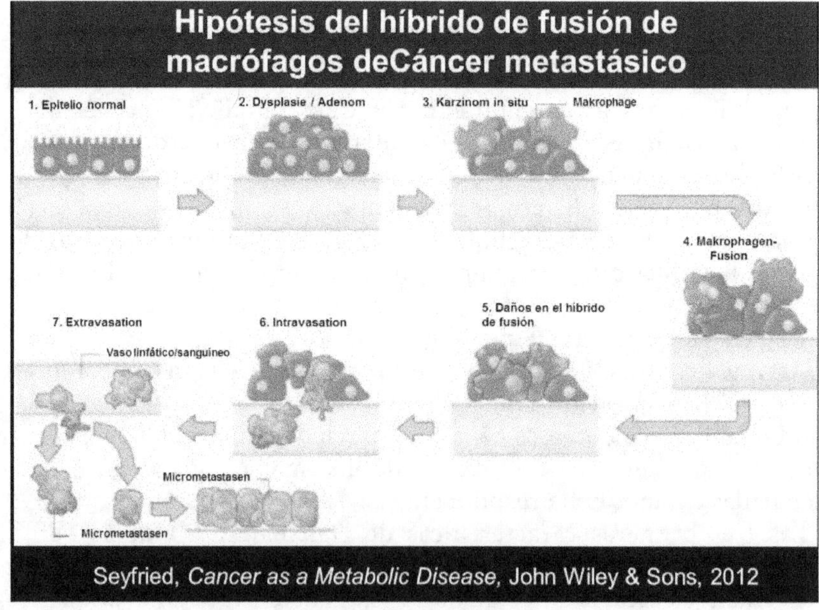

Aquí hay unas células azules, son células epiteliales columnares. Podrían estar en el pecho, el colon o lo que sea. Se dañan por cualquiera de los agentes provocadores en el microambiente. Empiezan a entrar en el estado por defecto, empiezan a proliferar.

Nuestro cuerpo tiene un sistema sensorial para saber lo que está pasando, esto se parece a una herida sin cicatrizar. Así que tenemos células en nuestro sistema inmunológico que vienen a estos lugares para curar las heridas. Y estos son en su mayoría macrófagos. Así que sienten esto, químicamente, en la sangre. Entran, salen del torrente sanguíneo, y van directamente a estas células cancerosas incipientes, crecimientos de células, para apagar el fuego, para curar la herida y luego curar el tejido.

El problema es que lanzan factores de crecimiento y citoquinas, que en realidad son estimulantes hacia estas células, que perdieron su control de crecimiento debido a su comportamiento de fermentación.

Ahora, están empeorando la situación, porque es el contexto equivocado. Lo que hacen estos glóbulos rojos, nuestras células inmunitarias, es facilitar la cicatrización de las heridas. Se fusionan - son células muy fusogénicas, lo que está bien documentado en la literatura científica. Así que lo que está sucediendo con esta fusión continua en este micro ambiente inflamado, es: Estás diluyendo el citoplasma de la célula roja con el citoplasma de la célula tumoral, cambiando así las células inmunes de un sistema respiratorio a un sistema de fermentación, encerrado.

Estas células inmunes ya están genéticamente programadas para entrar y salir del torrente sanguíneo. No es necesaria esta transición epitelio-mesénquima, no tiene ningún sentido. (Esta es la explicación de la teoría genética para la metástasis.) ¡Esto es lo real! Y tenemos pruebas para apoyar que en un número de diferentes maneras.

Así que ahora tienes una célula rebelde, parte de nuestro sistema inmunológico, que ya está programada para propagarse por el cuerpo. Es muy difícil, ya están programadas para vivir en entornos hipóxicos, por lo que los fármacos antiangiogénicos probablemente no funcionarán, y no han funcionado.

Así que ahora conocemos la biología de la célula metastásica: ¡Es un macrófago rebelde! ¿Qué comen? ¡Comen glucosa y glutamina! Ya lo sabemos. Eso ya lo sabemos.

Ahora bien, si la mayoría de las células cancerosas obtienen energía a través de la fermentación, ¿qué terapias podrían ser eficaces para controlar los tumores?

Bueno, una de las cosas, lógicamente, es simplemente quitar los combustibles fermentables y reemplazarlos en el cuerpo por combustibles no fermentables. Y una de las maneras de hacer eso es:

¡Dejar de comer! Restricción calórica [CR], dietas cetogénicas [KD], ¡este tipo de cosas!



Lo que hacen la restricción calórica y las dietas cetogénicas es:
- difieren de la inanición
- mantienen los niveles normales de minerales
- mejoran la biogénesis mitocondrial y, además, sustituyen los combustibles fermentables

**No se pueden fermentar los cuerpos cetónicos.** Se necesita una buena respiración para obtener energía de los cuerpos cetónicos. Así que vas a eliminar o bajar los niveles de glucosa, y aumentar los cuerpos cetónicos a los que las células normales van a cambiar y las células tumorales van a ser marginadas ¡porque no pueden utilizar los cuerpos cetónicos!

Y no se olvide: Acabamos de escuchar a Michael sobre la tasa metabólica basal. Hago esto en los ratones. A los ratones, les damos 40% de restricción calórica [CR] - pero eso es como el ayuno de sólo agua en los seres humanos, ¿de acuerdo? La gente tiene que darse cuenta de que debido a la diferencia de 7 veces en la tasa metabólica basal entre el ratón y el ser humano.

Así que las dietas cetogénicas:

## Composición (%) de la dieta estándar (SD) y de la dieta cetogénica (KD)

| Componentes | Dieta estándar (SD) | Dieta cetogénica (KD) |
|---|---|---|
| Carbohidratos | 62 | 3 |
| Grasa | 6 | 72 |
| Proteína | 27 | 15 |
| Energía (Kcal/gr) | 4,4 | 7,2 |
| F/ (P + C) | 0,07 | 4 |

* ¡La dieta cetogénica debe consumirse siempre en cantidades restringidas!

Mucha desinformación, muchos malentendidos. Básicamente, se trata de dietas bajas en carbohidratos y altas en grasas. Pero son los tipos de grasas y proteínas los que juegan un papel importante.

Básicamente, se comen estas dietas en una cantidad restringida. La dieta cetogénica, desafortunadamente fue etiquetada con la palabra 'dieta', ¿verdad? Siempre que pones 'dieta' en algo, todo se vuelve como misterioso. ¡Es una medicina! La dieta cetogénica es una medicina, se llama terapia metabólica cetogénica y ¡debe ser respetada como una medicina! Si no se usa correctamente, no funcionará, como cualquier medicina.

No quiere decir que te vaya a hacer daño, pero si comes demasiada dieta cetogénica, puedes de hecho tener insensibilidad a la insulina. Trabajamos en el campo de la epilepsia durante años y entendemos cómo algunas de estas dietas pueden no ser tan efectivas como deberían.

Pero toda la estrategia no es complicada, ¿verdad? Si la célula tumoral necesita combustible fermentable, entonces le quitas el combustible fermentable a la célula tumoral y transicionas el cuerpo a un estado no fermentable:

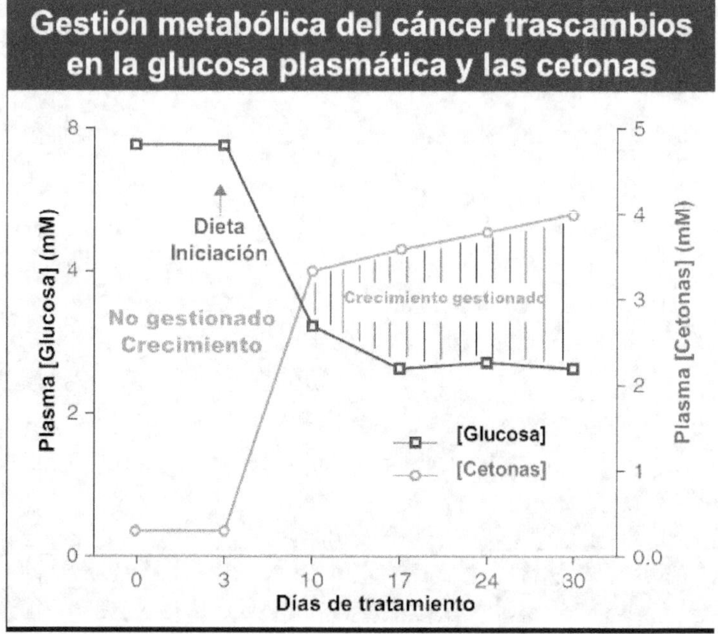



Así que se reduce el azúcar en sangre que necesitan las células tumorales y se elevan los cuerpos cetónicos, que las células tumorales no pueden utilizar, pero las células normales sí. Usted simplemente margina el tumor.

Ahora, el tumor necesita combustible, no puede vivir sin energía. ¿Dónde está consiguiendo su combustible? Está fermentando. Le estás quitando un combustible primario - ¿qué va a pasar con esas células tumorales? Van a morir o van a reducir la velocidad. ¡Y eso es lo que sucede!

Ahora, la primera persona que hizo este trabajo fue Linda Nebling, en una situación humana, debería decir:

Effects of a Ketogenic Diet on Tumor Metabolism and Nutritional Status in Pediatric Oncology Patients: Two Case Reports

Linda C. Nebeling, PhD, MPH, RD, Floro Miraldi, MD, PhD, Susan R. Shurin, MD, and Edith Lerner, PhD, I.D, FACN

Journal of the American College of Nutrition, Vol. 14, No. 2, 202–208 (1995)

**Los resultados mostraron que una dieta cetogénica, queredujo la glucosa en sangre y elevó las cetonas en sangre,podría proporcionar un manejo a largo plazo en dos niñoscon tumores cerebrales inoperables recurrentes.**

Se llevó a dos niños pequeños, casos perdidos. Brutalizados. Brutalizados por el sistema. Si lees su tesis doctoral, quedarás destrozado por lo que le hicieron a estos niños. Los mutilaban quirúrgicamente, les daban dosis masivas de quimio, radiación, todo tipo de cosas. Y los daban por desahuciados, decían que estos niños no iban a vivir más de dos o tres meses.

Ella dice "¿Puedo probar una dieta cetogénica?" Ella estaba en enfermería, obteniendo su doctorado en enfermería. "Sí, no va a hacer nada, no tienen mucho tiempo de vida". Así que de todos modos, ¡rescató a estos dos niños! Su calidad de vida mejoró dramáticamente, vivieron mucho más de lo que se predijo. Y se basó en todo el cambio del metabolismo del cuerpo y yo dije "¡Vaya, esto es increíble!".

Esto fue en 1995 y le dije a mis estudiantes: "Sabes, ¡deberíamos intentar algo de eso con nuestro cáncer cerebral y los ratones!". Y estábamos construyendo estos modelos animales, hermosos modelos animales de cánceres cerebrales humanos y teníamos el CT-2A, un tumor de células madre neurales. Todo el mundo está entusiasmado con los cánceres de células madre neurales.

De todos modos, sólo les dimos una dieta estándar [SD] - que es una dieta alta en carbohidratos - pero calorías restringidas en un 40%. Que es como un ayuno terapéutico de sólo agua en los seres humanos:

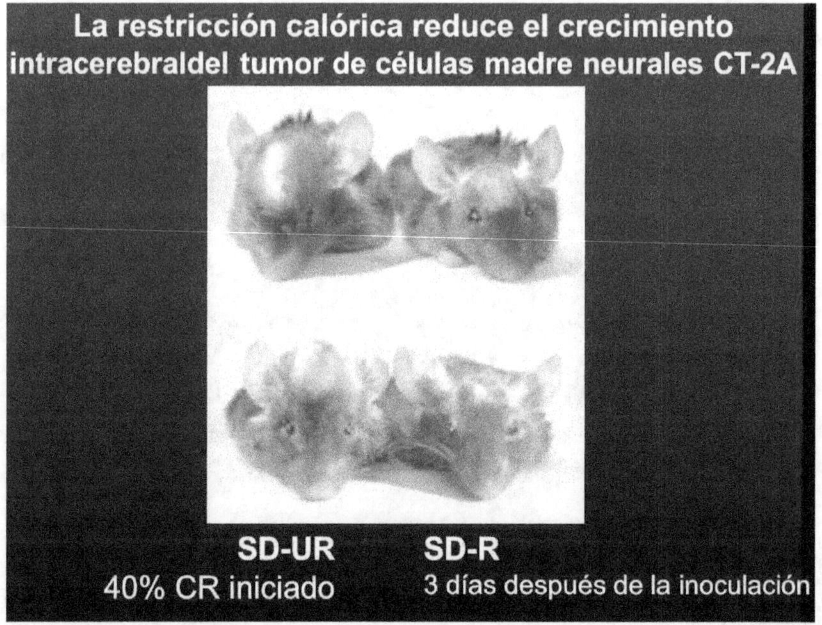


¡Y estos tumores empezaron a encogerse a lo grande! Ya sabes, bajar de 60 a 85 por ciento de reducción de tamaño.

Y dijimos "Caramba, ¿qué? ¡Wow!" Usted sabe, yo nunca había visto nada como esto antes, tan poderoso, "¿Qué está pasando?"

Así que luego analizamos, utilizando el análisis de regresión lineal, utilizando glu-cosa como la variable independiente, y las cetonas o el peso del tumor como las variables dependientes y la glucosa como la independiente:

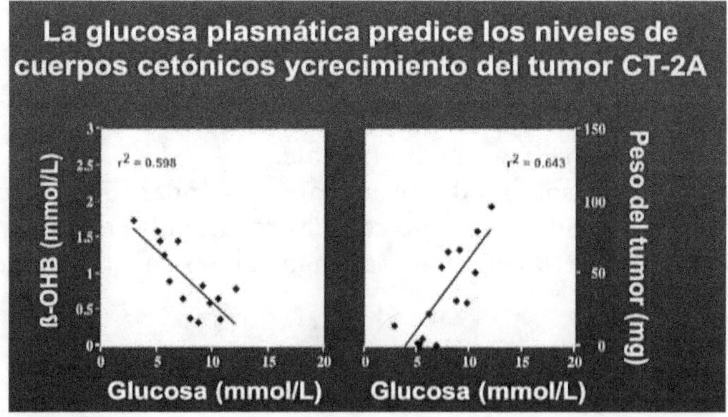


Cada cuadrado es un animal con una dieta diferente. Y se puede ver a la izquierda aquí: A medida que el azúcar en la sangre baja, las cetonas suben. Y esta es una adaptación evolutivamente conservada a la restricción de alimentos. Cuando nuestros cuerpos no están recibiendo los carbohidratos, vamos a empezar a movilizar las grasas, llevarlas al hígado, cortarlas, hacer cuerpos cetónicos solubles en agua y estos van a ir a los tejidos.

Y en el lado derecho: El azúcar en la sangre disminuye, el tamaño del tumor disminuye. Cuanto más alto el azúcar, más rápido crece el tumor - cuanto más baja la glucosa, ¡más lento crece el tumor! ¿Verdad?

**Así que cuanto más alto el azúcar, más rápido crece el tumor. Cuanto más bajo el azúcar, más lento crece el tumor.**

Así que si quieres que tu tumor crezca rápido, ¡sube tu nivel de azúcar al máximo! ¿Verdad? ¡Vas a las clínicas oncológicas y ves a todo el mundo comiendo helado y pastel y caramelos! ¿No leen la literatura? Esto se ha demostrado ahora en gliomas humanos, cáncer de mama, cáncer de colon... si quieres que tu tumor crezca rápido, ¡sube el azúcar al máximo!

Ahora la gente dice "Bueno, esto parece maravilloso y genial, pero no entendemos el mecanismo". ¡Mentira! ¡Ustedes entienden el mecanismo! ¡Hemos publicado tantos artículos y tantas otras personas han publicado artículos sobre los mecanismos por los que esto funciona!



Es anti-angiogénico, anti-inflamatorio, pro-apoptótico. ¡No se conoce ningún fármaco can-cer que pueda hacer esto sin toxicidad! ¡Y el ayuno terapéutico puede hacerlo! Así que nosotros y otros hemos demostrado en muchos artículos los mecanismos moleculares por los que funciona este proceso.

Cuando oigas a la gente decir "¡Bueno, no está probado!" - Bueno, ellos no leen la literatura, ¡ni contribuyen a ella!

Así que esta mujer tenía este perro con un gran tumor de mástil en la nariz, ¿verdad? Minka. Ya sabes, ella escucha nuestros videos de YouTube y lee nuestros periódicos regulares. Ella es una persona común, no tiene ninguna formación en medicina ni nada.

Este perro tiene este gran tumor, ella va al veterinario, quien dijo "Bueno, sí vamos a tener que cortarlo y luego vamos a dar la radiación y la quimioterapia. 'alrededor de diez mil dólares, tal vez el perro vivirá siete meses más. Pero va a estar enfermo..." y bla bla, ya sabes. Lo mismo.

Ella dijo que no. Así que fue al carnicero y compró carne de pollo fresca con huesos. Redujo las calorías en un 40%, añadió un poco de aceite de triglicéridos de cadena media [MCT] y algunos huevos crudos a la mezcla. El perro perdió alrededor del cinco por ciento de su peso corporal.

Y usted puede ver: El tumor empezó a reducirse y a desaparecer.

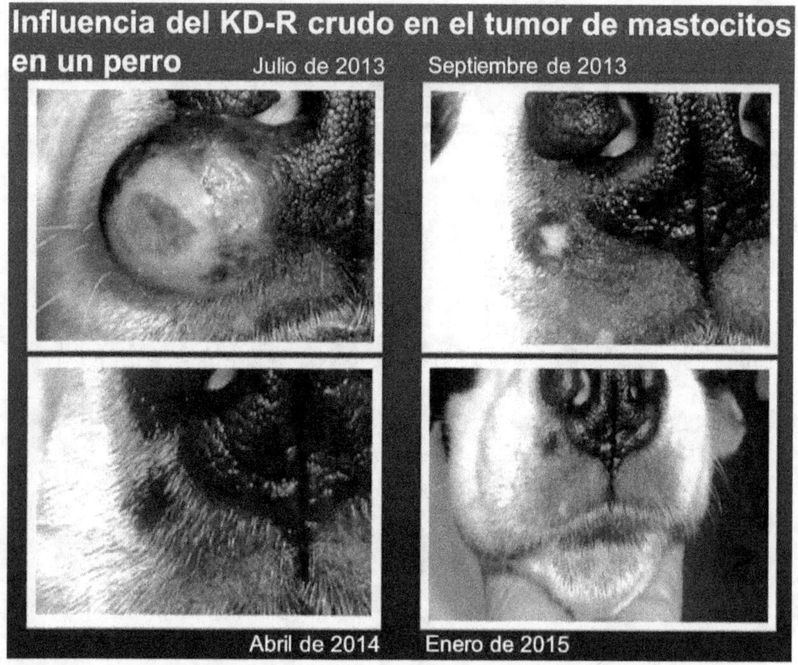


Y, ya sabes, Minka sigue viva hoy en día, ¡haciéndolo bien! Esto fue en 2013. Impresionante, lo rápido que el perro respondió, y hay muchos perros ahora. Los están sometiendo a estas terapias metabólicas que están haciendo muy bien.

Por supuesto, los veterinarios estaban encima de mí acerca de esto. No creen que deban alimentar a los perros con carne cruda debido a la intoxicación por salmonela. ¡No me jodas! Quiero decir... ¿alguna vez has visto lo que comen los perros? Es como, ¡dame un respiro, sabes! ¡Envenenamiento por salmonela!

Así que miras estas cosas y dices "¡Jesús!"... y luego hicimos un vídeo en YouTube sobre esto, sobre lo del cáncer de perro, ¡tiene 5,3 millones de visitas! ¿Puedes creerlo? Así que había todo tipo de trolls por ahí, escribiendo todos estos informes negativos, dándome todo tipo de pena. Al diablo con ellos, ya sabes.

Ok. Ahora quiero hablar de un tema realmente serio aquí, glioblastoma multiforme. Y este es un tumor realmente malo con mal pronóstico:



Y desgraciadamente el senador John McCain está luchando ahora con este tipo de tumor. Es un cáncer desagradable, muchos múltiples tipos diferentes de células, ninguna terapia eficaz. Así que tienes un montón de diferentes tipos de células. De ahí el nombre de "multiforme": Altamente invasivo.

Así que cuando miras un tumor cerebral... aquí hay una pobre alma que sacrificó su cerebro para el estudio. Y puedes ver: Esta desagradable área ne-crótica, un quiste, un quiste grande:

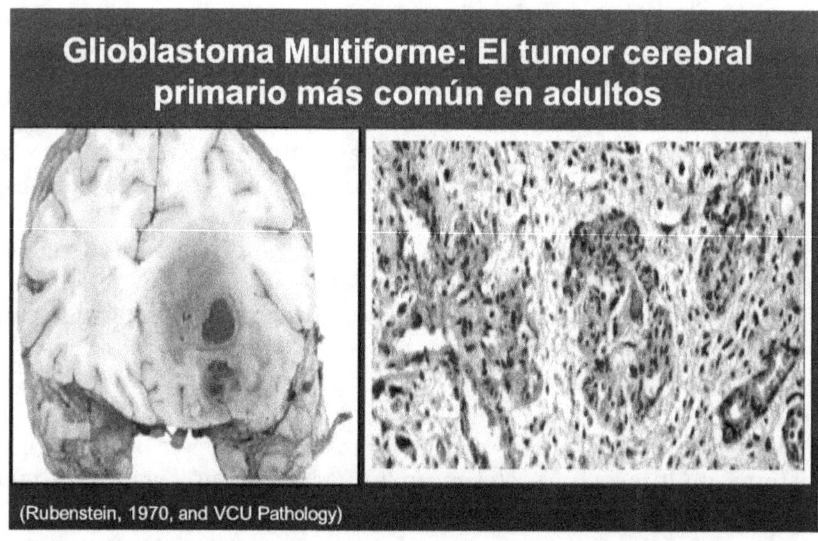



Pero, si miras la línea media del cerebro, puedes verla desplazada hacia la izquierda. Esto se llama "desplazamiento de la línea media", ¿de acuerdo?

Así que estos tumores crecen y causan presión intercraneal. Y la gente muere de presión intercraneal, la mayoría de la gente que tiene este tipo de tumores. El problema es: No puedes resecarlos quirúrgicamente, porque las células tumorales ya se han extendido a las áreas cerebrales que aparecen normales. Y las células tumorales utilizan los vasos sanguíneos como uno de los mecanismos para diseminarse: Atraviesan la superficie de los vasos sanguíneos en el espacio de Virchow-Robin.

Utilizan estos vasos sanguíneos como una especie de sistema ferroviario para atravesar el cerebro. Así que es muy, muy difícil hacer cualquier tipo de resección quirúrgica. Y se puede ver, las células de color azul oscuro alrededor de los vasos sanguíneos son la forma ... se puede ver en la histología. La histología te lo dirá. Así es como se extienden por el cerebro y dificultan la resolución.

Y todos sabemos que las mitocondrias son anormales en el can-cer cerebral.

Esta imagen muestra una micrografía electrónica... la única forma en que puedes ver las mitocondrias claramente es EM, microscopía electrónica:

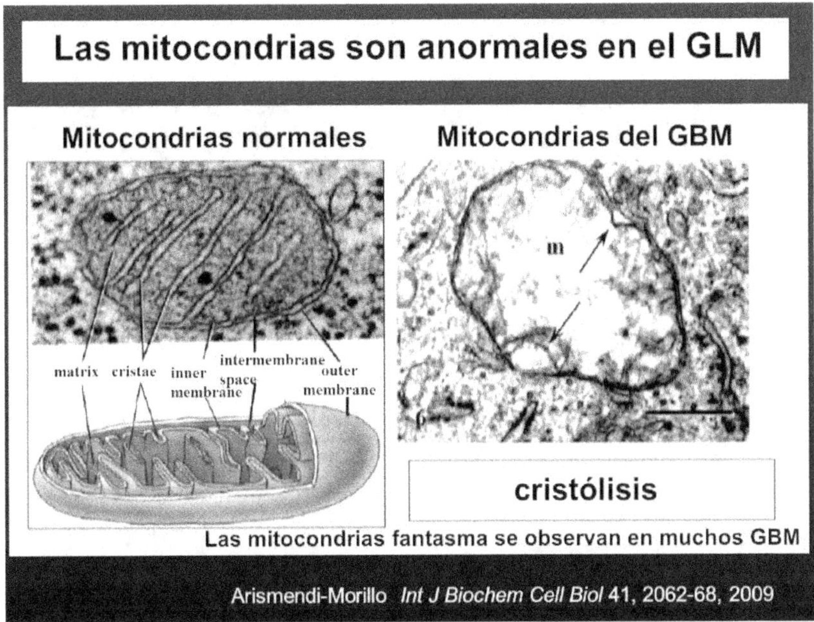



Y las rayas en la mitocondria contienen las proteínas y los lípidos de la cadena de transporte de electrones, que nos permiten obtener energía a través de la fosforilación oxidativa. Así que usted puede ver las rayas agradables en la mitocondria normal allí a la izquierda. Y las cris-tae faltan en las mitocondrias GBM, Esto se llama cristólisis. La estructura... la estructura misma de la organela necesaria para la fosforilación oxidativa ¡¡falta!!

Cualquiera puede ver el vacío en esa mitocondria. ¡Faltan las rayas! Las rayas faltan, por lo tanto la fosforilación oxidativa falta, por lo tanto la célula debe fermentar en or-der para sobrevivir. ¿Todo el mundo ve eso? Sí. Hay un montón de documentos en la literatura que muestra que - sin embargo, muchos miembros de mi campo dicen "Las mitocondrias son normales". Obviamente no miran esto o no quieren verlo.

Las células tumorales fermentan. Tienen que fermentar, no tienen estructura. La estructura dicta la función. Sin la estructura, no se puede obtener la función. La función es anormal, porque la estructura es anormal y mi colega Gabriel Arismendi-Morillo ha publicado muchos artículos hermosos sobre esto.

Entonces, si no puedes obtener energía de la fosforilación oxidativa, ¿de dónde sacas la energía para impulsar a la bestia? ¿De dónde viene esa energía? ¡Viene de la glucosa y la glutamina - los dos principales combustibles que van a conducir a la bestia! No pueden comer nada más. No está allí en cantidad suficiente, hicimos la logística de esto.

Estos dos combustibles son abundantes en el micro ambiente. Así que entran, ¿verdad? Los dos combustibles juntos son sinérgicos:

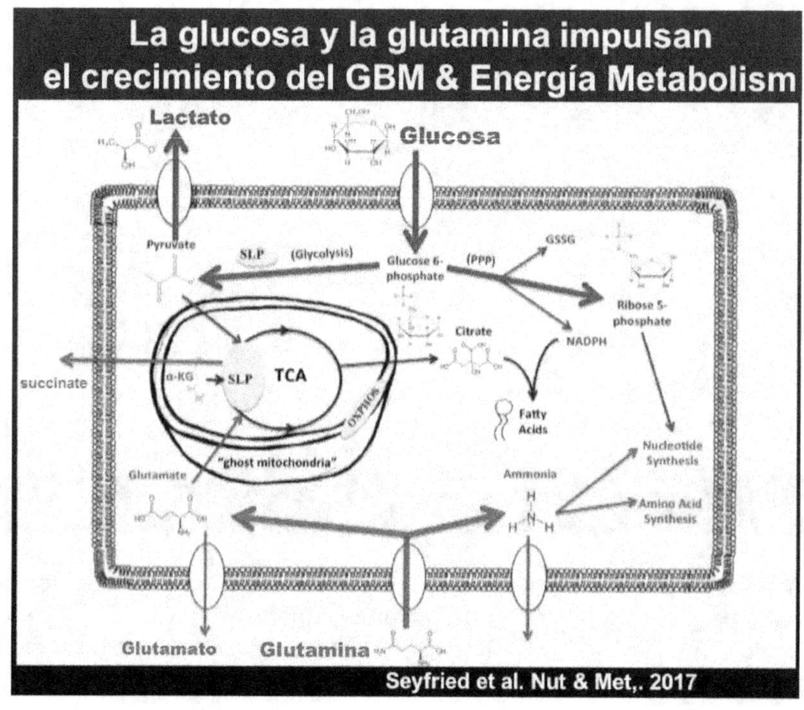


Glucosa, glutamina. Entran, disparan la vía glicolítica, la vía de la pentosa, la vía de la glutaminolisis, derivando energía de la fosforilación a nivel de sustrato. Haciendo todas las cosas, la proliferación de ADN-ARN... estas células crecen como locas.

Entonces, ¿qué hacemos en la clínica? Bien, entonces llega una pobre alma, diagnosticada con un glioblastoma, devastador, ya sabes. La gente no sabe lo que va a hacer, estás devastado. El paciente está devastado, la familia está devastada.

Es "Dios mío, ¿qué está pasando aquí?" - "¡Bueno, tenemos que hacer cirugía, extirpar ese tumor de inmediato!"

A veces hay que hacerlo, cuando hay un problema de hernia. Pero muchas veces, ¡no! Tienes un período de espera vigilante. "No, no, no, los llevamos lo más rápido posible. Vamos a extirpar el tumor".

El cirujano extirpa el tumor. El paciente está sentado, se despierta, "Oh, wow."

"Oye, ¿cómo te sientes?"

"Me siento bastante bien."

"Bien. Ahora, tan pronto como te hayas recuperado vamos a empezar a darte radioterapia."

Así que en el cerebro las neuronas y la glía tienen una conexión muy estrecha entre sí. Una relación íntima, ¿verdad? Se llama el ciclo glutamina-glutamato. Mantiene nuestros neurotransmisores en equilibrio y todo está bajo control.

Si rompes ese ciclo glutamina-glutamato, esto sucede:

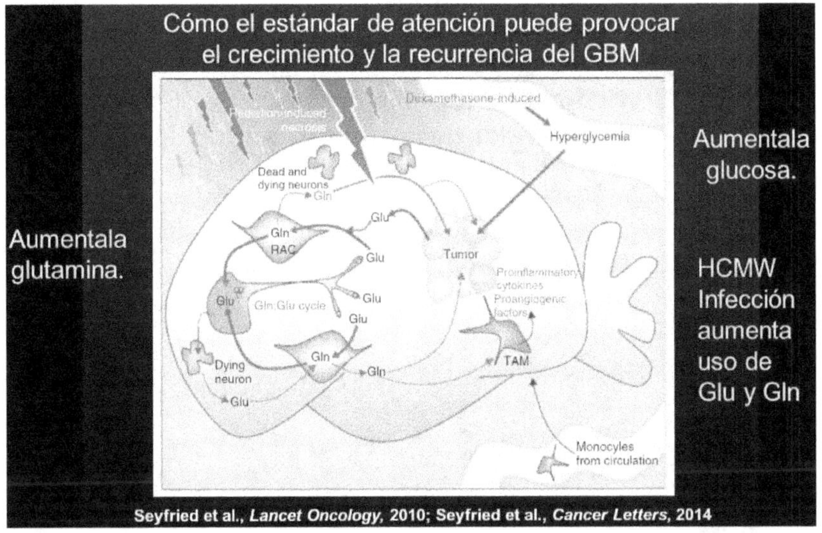


El glutamato (que es un neurotransmisor excitador) sale, excita las neuronas, éstas mueren, se produce la muerte necrótica. Los astrocitos toman el glutamato, lo convierten en glutamina.

Ahora, las células tumorales que no han sido eliminadas, absorberán la glutamina, creada no sólo por la herida del cirujano, sino también por la radiación que está destruyendo el microambiente de este tumor. Creando una gran cantidad de glutamina, que es uno de los poderosos combustibles que impulsan a la bestia, ¡como acabo de decir!

Ahora, cuando se toma a alguien y se reseca quirúrgicamente la mayor parte del tumor y luego se comienza a irradiar su cerebro, se comienza a obtener hinchazón de la cabeza, hinchazón del cerebro, por la radiación. Causando el calor, el edema. Para reducir el edema les damos altas dosis de esteroides. ¡Altas dosis de esteroides crean hiperglucemia! ¿Verdad? ¡Glucosa! ¡La glucosa y la glutamina son creadas ahora por los mismos procedimientos que se usan para tratar al paciente!

Para empeorar las cosas, ¡el 90% de las células tumorales cerebrales están infectadas con citomegalovirus humano, que es un supercargador que permite a las células tumorales utilizar glucosa y glutamina!

Publiqué este artículo en Lancet Oncology, diciendo que el tratamiento estándar contribuye al crecimiento y la recurrencia del tumor. Basado en pruebas bioquímicas sólidas. ¿Cuál crees que fue la respuesta? ¡No quieren oír hablar de ello!

Ahora, vamos a probar la hipótesis sobre lo que acabo de decir, ¿de acuerdo?

Mira los resultados del tratamiento de pacientes con tumores cerebrales con el estándar de cuidado:

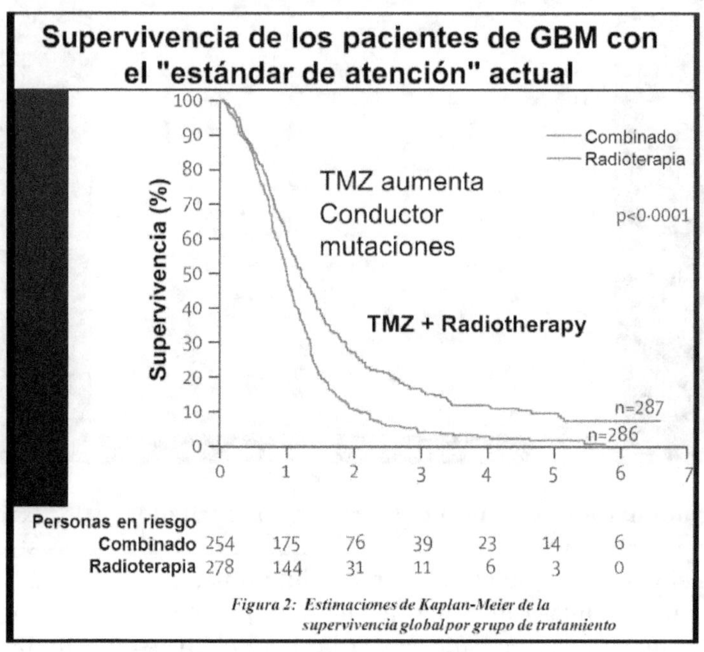


Figura 2: *Estimaciones de Kaplan-Meier de la supervivencia global por grupo de tratamiento*

Aquí tenemos dos líneas: La línea roja son los individuos que recibieron radiación sola - y la línea azul de los individuos que recibieron radiación junto con el agente alquilante tóxico llamado Temozolomida [TMZ]. El hecho de que la Temozolomida pudiera contribuir un poco a la supervivencia fue el mayor avance en el tratamiento de los tumores glioblásticos de los últimos 50 años. ¿Se lo pueden creer? Yo estaba allí, cuando dijeron esto.

Ahora, mira la línea roja, la línea inferior: Los chicos que recibieron sólo la radiación. ¿Cuántos supervivientes salieron del estudio? ¿Cuál es el número al final? Cero. Esto ha sido reproducido. ¿Quieres saber sobre replicar datos? Esto se ha reproducido en todos los países del mundo, una y otra vez. ¡No hay nada más seguro que irradiar a la gente y que todos mueran!

Ahora añadimos TMZ. "¡Pero oye, escucha! TMZ está haciendo algo!" Bueno, obtienes algunos sobrevivientes extra de esto. Así que, me dije a mí mismo y a mis estudiantes "¿Qué hace TMZ?" Así que buscamos y descubrimos, los efectos adversos de la temozolomida son: Diarrea, vómitos, náuseas y fatiga. ¡Vaya! ¡Todas estas son formas indirectas de restricción calórica!

Así que lo publicamos y dijimos que pensamos que ese bache en la tasa de supervivencia se debe a la restricción calórica indirecta. ¿Crees que alguien corrió a probar esa hipótesis? ¡No!

Sabes, la Temozolomida también aumenta las mutaciones del conductor. ¿Qué diablos significa eso? ¿No debería la Temozolomida hacer que los tu-mores crezcan más rápido, si aumentan las mutaciones del conductor? No vemos eso.

Ahora, pongámosle una cara a esto:

Vale, esta es Brittany Maynard. Era una joven californiana, del norte de California, a la que diagnosticaron cáncer cerebral en enero de 2014. El tumor era pequeño, un tumor de bajo grado. Y dentro de un mes después de sacar el tumor de bajo grado, se transformó en un glioblastoma multiforme.

Entonces fue tratada con el "tratamiento estándar", fuertes dosis de esteroides. Y usted puede ver su cara a la derecha allí, se ve totalmente diferente de cuando se acaba de casar aquí a la izquierda. Eso se llama "cara de luna", por la sobredosis de esteroides.

Así que ella dice "¡Me voy de aquí!" Ella va a ir a Oregon, el siguiente estado, y morir con dignidad con su familia. ¡Va a tirar la toalla!

¡Y publicó un artículo en la revista People sobre su decisión de morir! El artículo de la revista People trataba sobre la moralidad de la muerte digna... ¡¡nada sobre el miserable fracaso de la atención médica que la puso en esa situación en primer lugar!

Ahora, ¿qué dice cuando sus pacientes se suicidan, en lugar de continuar con su terapia? Nada bueno.

Veamos otra cara:

Este es Pablo Kelly. De la misma edad que Brittany, unos 28 años. Le diagnosticaron glioblastoma en agosto de 2014. Él me envió un correo electrónico y dice "¿Puedes ayudarme? No quiero tomar medicamentos, no quiero cirugía, no quiero radiación. No quiero quimioterapia".

Así que le di el kit que envío a la mayoría de los pacientes de cáncer que se ponen en contacto conmigo. Y le dije "¡Eh, podrías probarlo, Pablo!" - porque él: "¡Definitivamente no voy a hacer esto que me dicen los médicos!". Es de Devon, Inglaterra.

Dijo: "¡Vale, lo probaré a tu manera!". Así que le di el kit. No supe nada de él, pasó tal vez un año y medio. De repente, recibo una carta de Pablo: "¡Oh cielos, Pablo! ¡Pablo sigue vivo!" Y él tenía este gran video de Youtube, diciendo a todos cómo iba a hacer ceto y todas estas cosas. Pero de todos modos, dice, su tumor antes inoperable ahora se ha convertido en operable.

Así que me preguntó al respecto y le dije: "Bueno, si puedes reducirlo, ¡sácalo Pablo!" Así que fue y se operó. Fue a principios de este año y le extirparon el tumor. Ha tenido pocos ataques, pero su calidad de vida es bastante buena. Su esposa acaba de tener un bebé. Todavía está vivo, lo está haciendo bien. ¿Está bien?

Tiene calidad de vida, ¡está vivo!

Así que lo que hicimos, sabiendo de todas estas situaciones: Construimos la "Calculadora del Índice de Glucosa Cetona" [GKI]. Que ayuda a los pacientes y otros a entrar en cetosis terapéutica. Así que si quieres detener el crecimiento del tumor, el primer paso que tienes que hacer es:
**¡Entrar en cetosis terapéutica!**

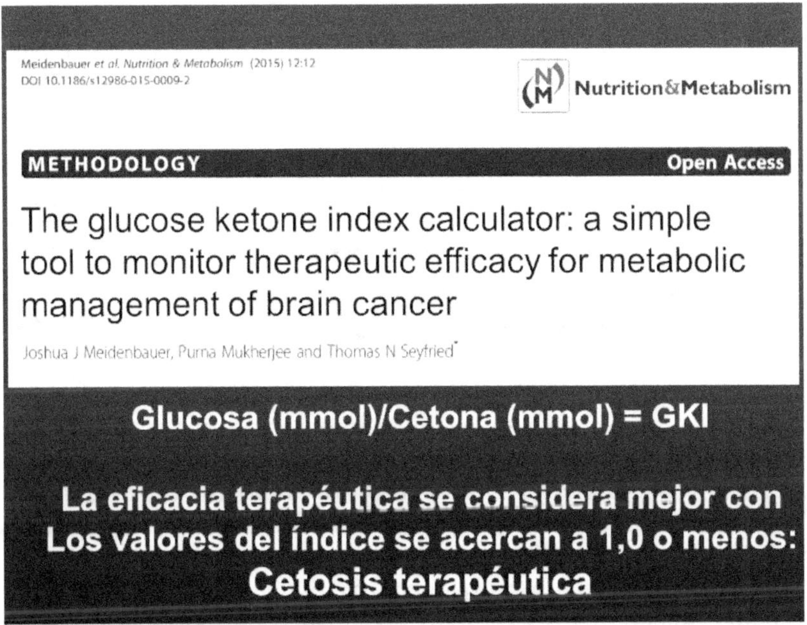

Meidenbauer et al. Nutrition & Metabolism (2015) 12:12
DOI 10.1186/s12986-015-0009-2



Y es la relación de glucosa milimolar / cetona milimolar, con uno de estos medidores Precision Extra o Keto-Mojo. Estamos probando todas estas cosas contra la química.

¡El número GKI ayuda a los pacientes a detener el crecimiento del tumor! Así que lo hace más fácil, en lugar de tratar de medir los dos combustibles juntos, se obtiene un único valor.

También construimos algunos de los mejores modelos preclínicos de glioma... los modelos más replicables al glioblastoma humano, tumores cerebrales espontáneos en el ratón. Así que sabes que vienen del huésped...

Y puedes ver este ratón, VM-M3 es un glioblastoma. A la izquierda aquí se puede ver el tumor:

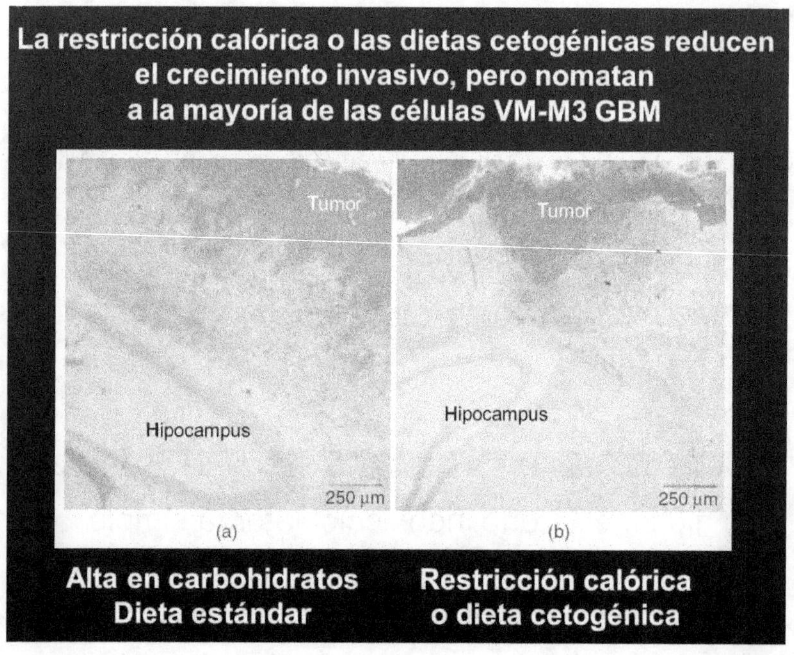


Invade el cerebro utilizando los mismos mecanismos que en los humanos. A la derecha, el mismo tumor en ratones, tratados con restricción calórica y dietas cetogénicas. Golpeamos estos tumores, ¡duro! Ahora, detuvimos la invasión. Usted puede ver a la derecha, hay mucho menos comportamiento invasivo - pero no pudimos matar a las células. ¡Siguen creciendo!

¡Tiré todo en estos tumores, estábamos ayunando estos ratones, estábamos bajando los azúcares, las cetonas y las malditas células tumorales siguen vivas! Los humanos lo hacen mucho mejor que estos ratones. Te digo, no entiendo cómo el cerebro humano puede responder tan bien. Los humanos responden mucho mejor a esta terapia que los ratones. La gente dice "¡Ustedes curan ratones todo el tiempo!" ¡No curas a estos ratones! Un ratón que tiene el mismo tumor que un humano, tiene el mismo problema.

Entonces, dije "¡Estos tumores deben estar usando glutamina!" Entonces, probamos la hipótesis de la glutamina usando 6-Diazo-5-oxo-L-norleucina que es DON. Se ha utilizado en el pasado, es un fármaco antiguo, se utilizó hace años. Funcionó para algunos tipos de cáncer, pero no para otros. Era una de esas cosas... algunos eran demasiado tóxicos, otros no.

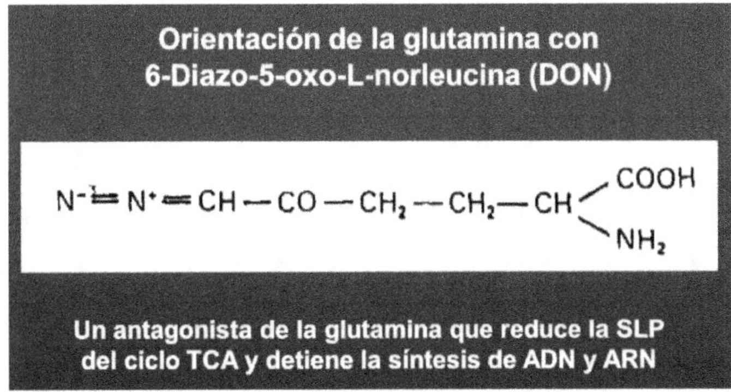


De todos modos, lo que hace es: ¡Detener el metabolismo de la glutamina! Así que decidimos probar ratones con DON.

Decidimos poner los tumores en el cerebro y luego dejarlos ir durante tres días hasta que los tumores están haciendo estragos. A continuación, ponerlos en ayunas y luego cambiar de nuevo, ya sea a un alto contenido de carbohidratos [Dieta Estándar sin restricción de calorías SD-UR] dieta o una dieta cetogénica, re-restringido [KD-R], con o sin DON:

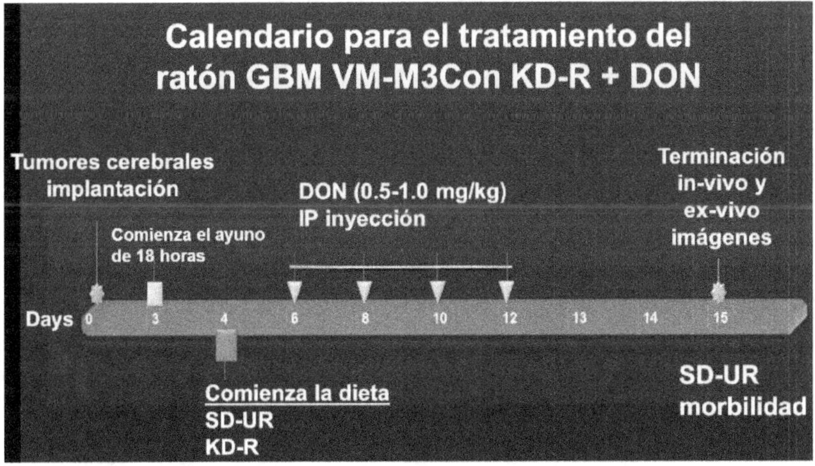


En la parte superior, entonces, pulsamos DON, pulsamos DON en el día 6, 8, 10, 12, cada dos días. Les dimos un poco de DON mientras estaban en estas dietas. Detuvimos los experimentos en el día 15 porque los ratones de control, ¡se estaban muriendo! Empiezan a ponerse mórbidos, porque los tumores crecen muy rápido por todos los carbohidratos y todo.

Luego comparamos y contrastamos los tejidos cerebrales y la bioquímica de los tumores a los 15 días. Y tengo que añadir... hemos diseñado genéticamente estas células tumorales para que sean bioluminiscentes, de modo que podamos ver cómo de activo está el tumor poniéndolas en una máquina Xenogen de bioluminiscencia. Sacamos los cerebros de los ratones y los ponemos en estas placas de Petri y ponemos un poco de luciferina allí:

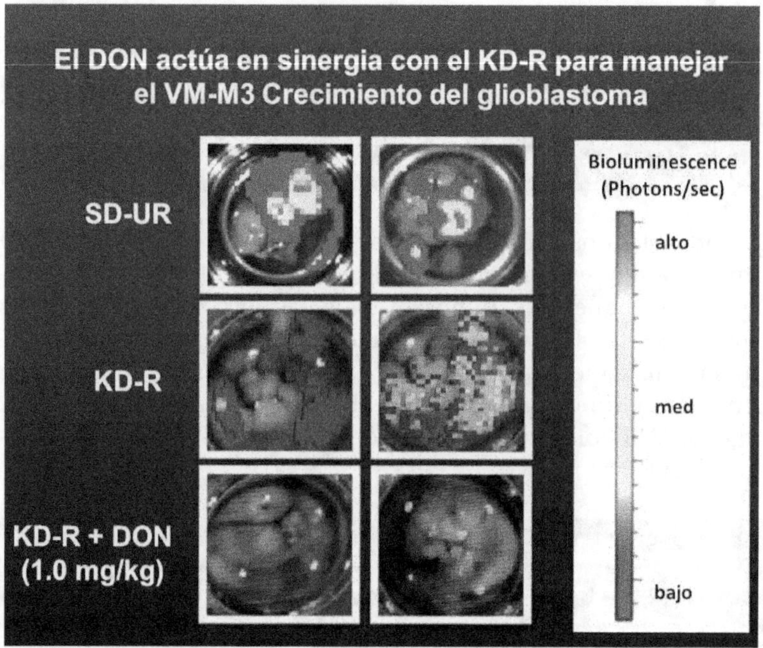


La luz nos indica cuántas células tumorales vivas hay en los cerebros de estos ratones tratados en estas condiciones diferentes. Y los ratones en la parte superior: Usted ve un montón de luces brillantes, rojas y amarillas y todo esto ... Son los que no recibieron nada más que la dieta alta en carbohidratos. ¡Sus tumores están furiosos! Y tenemos un montón de diferentes estudios para demostrar esto.

La dieta cetogénica, restringida: Todavía se puede ver, hay un montón de células tumorales vivas en los cerebros de estos ratones. No curamos a estos ratones con dietas cetogénicas. Las células tumorales no invadieron tanto, y te mostraré pruebas de ello.

Pero cuando añades el DON, el inhibidor de la glutamina, junto con la dieta ¡no conseguimos ninguna luz! ¿No es cierto? ¡No había luz! ¡Hicimos esto una y otra vez!

Aquí están los datos de una serie de ratones individuales:

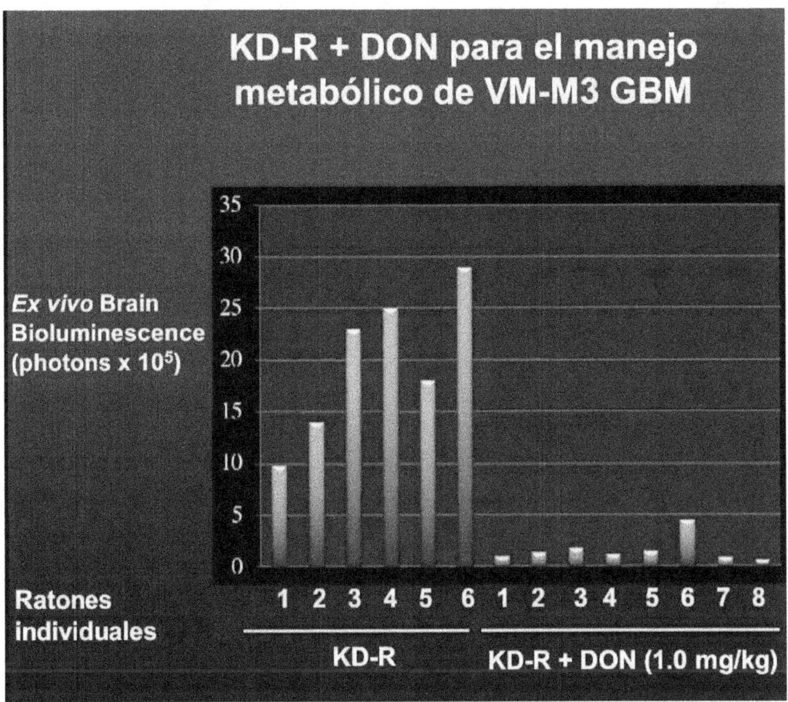



1-6 son los tipos que recibieron la dieta solamente [KD-R] y luego los otros tipos, 1-8, recibieron la dieta con el DON. Y esa luz de fondo en el grupo +DON, eso es todo de fondo a excepción de un ratón allí con un poco de luz de avance. Pero en general, ¡realmente eliminamos la luz y las células vivas en estos tumores poniendo la dieta junto con el DON!

El DON por sí solo está bien, pero no elimina tanta luz como la dieta. Los dos juntos funcionan mejor. Y por supuesto, ¡el estándar de oro para determinar el cáncer es la histología! Eso es lo que hacen, toman biopsias con aguja "Oh, mira las células tienes cáncer", ¿verdad? Así que tienes que hacer histología para de-terminar lo que está pasando dentro del tejido.

Y cuando hicimos eso... aquí tenemos la dieta estándar, la dieta cetogénica restringida y la dieta cetogénica restringida con el DON:

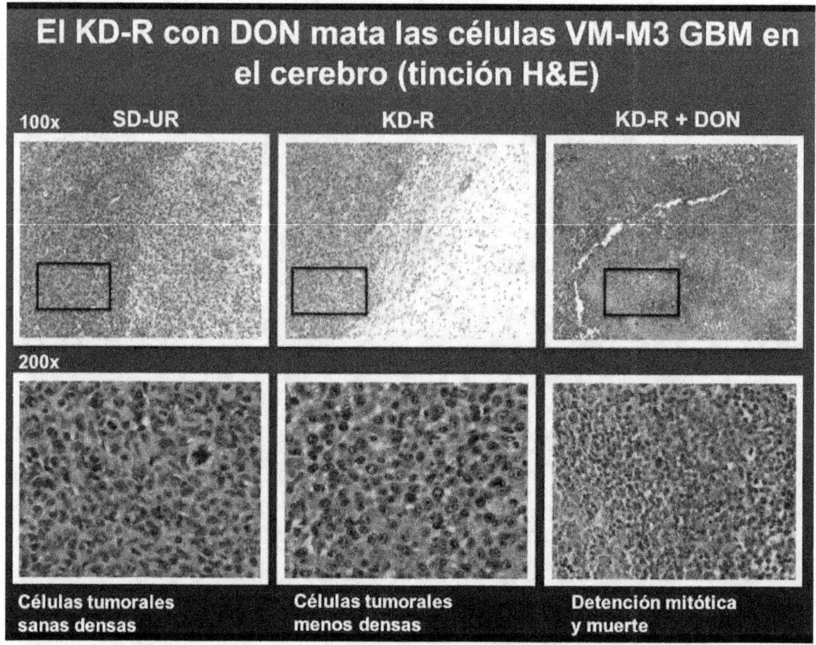



Baja potencia, alta potencia, es lo que estás viendo. Y si nos fijamos en la dieta estandarizada de la izquierda, estas células se apilan unas sobre otras. ¡No pueden crecer más rápido de lo que están creciendo! Las figuras mitóticas, las células están densamente empaquetadas. Y eso es lo que obtienes cuando tienes una dieta alta en carbohidratos.

La dieta cetogénica, la del medio, se puede ver la parte blanca del cerebro allí: Esa es la parte normal. Y KD está bloqueando la invasión del azul oscuro en el blanco. Usted puede ver cómo la invasión está aquí en la dieta alta en carbohidratos. Las células están más separadas. Así que lo que nos está diciendo es: La dieta alta en carbohidratos previene la invasión y detiene la tasa de crecimiento. Pero todavía están creciendo.

En el extremo derecho, tienes el DON y ... lo que vemos es: ¡Todas las células muertas! ¿Verdad? ¡Maldita sea, el tratamiento masacró estas células cancerosas! Están todas rotas, detenidas mitóticamente, ¡están todas muertas! Esto apoya el hecho de que no teníamos ninguna luz, ¡las células tumorales están muertas!

Así que, basándonos en esto, desarrollamos la "Estrategia Terapéutica del Pulso de Prensa" para humanos:

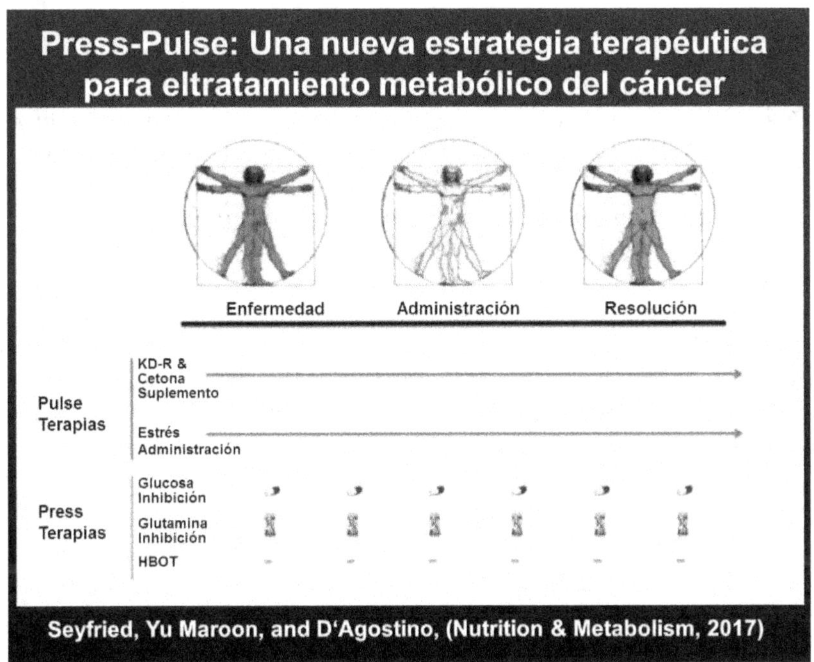



Basado en nuestros estudios preclínicos en ratones. Y trabajé junto con Dom D'Agostino, Joe Maroon el neurocirujano. George Yu es un oncólogo. Y juntamos esto y, desafortunadamente no tengo tiempo para decirles de donde viene el origen de press-pulse.

Pero básicamente: Usamos terapias de presión, que pueden incluir la dieta ke-togénica, restringida, suplementos de cetonas - y ¡manejo del estrés!

Sabes... ¡no puedes creer que cuando tienes cáncer la gente se estrese! Tienes esta fatalidad inminente, "¡Voy a morir!" ¿Qué hace eso? Sube tu nivel de azúcar en sangre, ¡el cortisol sube! Tienes que controlar el estrés. Así que usamos el ejercicio, la musicoterapia, la terapia de yoga. Lo que sea que funcione para bajar el estrés del individuo.

Usamos la dieta como prensa: La dieta es el control de la disponibilidad de azúcar para el cáncer - y el aumento de cetonas, que las células tumorales no pueden utilizar. Una vez que conseguimos que el paciente entre en cetosis terapéutica y baje el estrés, entonces aplicamos pulsos. Y utilizamos fármacos como la 2-Deoxi-D-Glucosa, la terapia de potenciación de la insulina... luego los golpeamos con inhibidores de la glutamina, como EGCG (el extracto de té verde) y cloroquina (el antiinflamatorio). Y nos gustaría conseguir DON, por supuesto, y otros medicamentos.

A continuación, los colocamos en cámaras de oxígeno hiperbárico [HBOT]. El oxígeno hiperbárico matará las células tumorales (como hace la radiación) ¡sin toxicidad! Una vez que haya eliminado la glucosa y la gluta-mina, ¡ponga al paciente en cetosis terapéutica!

Así, podemos reemplazar todo el estándar de atención con un proceso terapéutico lógico, que no es tóxico. Y gradualmente movemos al paciente del estado de enfermedad al llamado "estado controlado". Y finalmente, con suerte, a una gestión a largo plazo y una posible resolución utilizando la terapia metabólica de impulsos de presión.

Ahora, ¿cómo funciona? Bien, aquí tenemos un artículo que acabamos de publicar sobre un paciente con glioblastoma de Egipto. ¡No podemos hacer esto en los Estados Unidos! No puedes hacer esto en Inglaterra, ¿verdad? No se puede hacer en muchos lugares debido al protocolo de atención estándar obligatorio.

Así que tuvimos que ir a Egipto, donde leyeron nuestros libros, leyeron nuestras cosas y dijeron "¡Vale, vamos a probar esto!". Vinieron a verme y me contaron cómo lo estaban haciendo y me dijeron "¿Puedes ayudarnos a redactarlo todo?". Ya sabes, muchos médicos no pueden escribir papeles. Pero yo me gano la vida con esto.

Dije: "Conseguiremos los datos, los pondremos todos juntos, igual que hacemos con los ratones y estableceremos un protocolo":

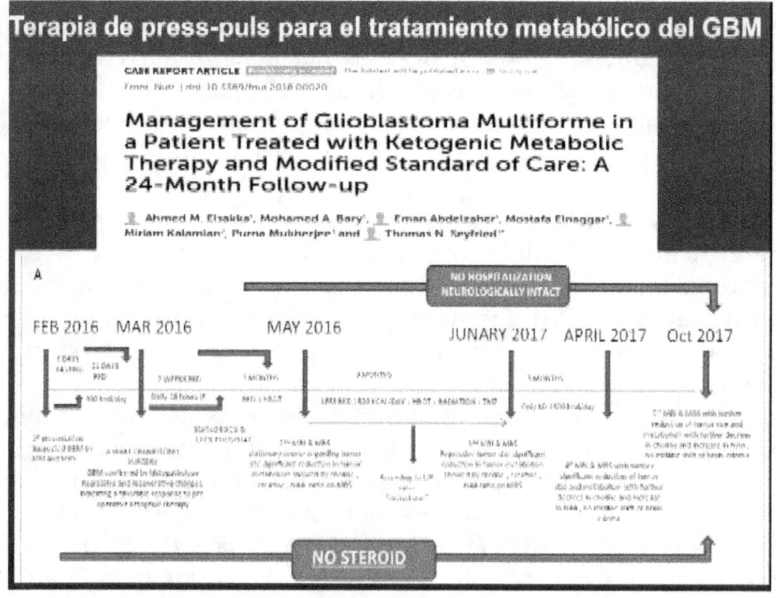

Gestión de glioblastoma a los pacientes con la terapia cetogénica meta-bolic con modificado, modificado estándar de atención. Eso es lo que no podemos hacer en este país, hasta ahora: IRBs no nos permitirá modificar las normas de atención.

Tomamos a este tipo, llegó, todo su lado izquierdo se arrastraba... era un desastre metabólico, tenía prediabetes, tenía baja la vitamina D, tenía todo tipo de otros problemas... además, tenía un glioblastoma.

Así que, lo primero que hizo el Dr. Elsakka: Le dimos 3 días de ayuno con agua y luego lo pasamos a una dieta de 900 kilocalorías al día durante 21 días. Así que estuvo fuera más de 3 semanas, ¡antes de que lo tocáramos!

Luego se hizo una craneotomía. ¡Desbridamos el tumor! ¡El tumor se ve diferente ahora! El tumor tiene una morfología diferente basado en el tratamiento de la dieta por adelantado. ¡Estás encogiendo esas células!

Luego, durante otros 3 meses, le dimos cloroquina, le dimos ECGC, le dimos oxígeno hiperbárico... Luego nos forzaron a hacer el tratamiento estándar. ¡Porque tienen que hacerlo! Y mientras él está recibiendo el cuidado estándar - que es la radiación y la quimioterapia - también está en oxígeno hiperbárico y la dieta también.

Y luego, durante otros tres meses, se puede ver después de que ... Ahora, a los 24 meses, el tipo lo está haciendo bien, ¿verdad? Es un agricultor de maíz, está de vuelta trabajando en los campos. Así que ahora está fuera 30 meses y todavía está haciendo. Hablé con el Dr. Elsakka el otro día, le pregunté "¿Cómo está el tipo, el agricultor de maíz?"

"¡Está bien!"

Pero tuvo un pequeño edema por radiación que nos cabrea a todos ferozmente. ¡No quieres irradiar el cerebro humano, bajo ninguna condición! ¡No lo entiendo, me mata! Usted sabe, yo estoy mirando a esta pobre gente y yo estoy diciendo

"¿Qué están haciendo?"

"¡Bueno, tenemos que matar las células tumorales!"

"¡Sólo quita la glucosa y la glutamina y obtendrás el mismo efecto!"

Así que aquí se puede ver el efecto de nuestro tratamiento:

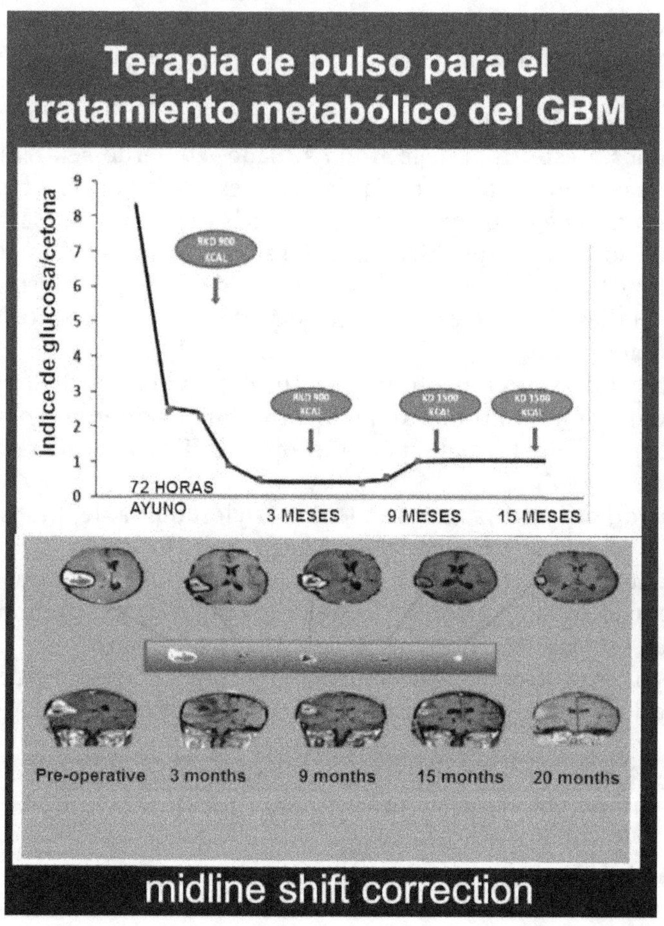



Bajar el GKI, índice de glucosa cetona, lo tenemos muy bien, cetosis terapéutica. Y en la parte inferior, mira esto: ¿Ves la línea roja en la parte inferior, ver este gran tumor allí? Sí. Mira como el tratamiento continúa al final, ¡ves la línea roja en el medio ahora es recta! ¡Corrigimos el desplazamiento de la línea media y el tipo está bien!

Y no es cáncer cerebral. Este es un paciente de un cáncer de mama triple negativo de nuestros colegas en Turquía, en la Clínica de Estambul. Y están tratando todo tipo de cáncer de pulmón, cáncer de páncreas... todos en estadio cuatro, todos cánceres en estadio cuatro. Esta mujer en estadio cuatro viene con un cáncer de mama triple negativo:

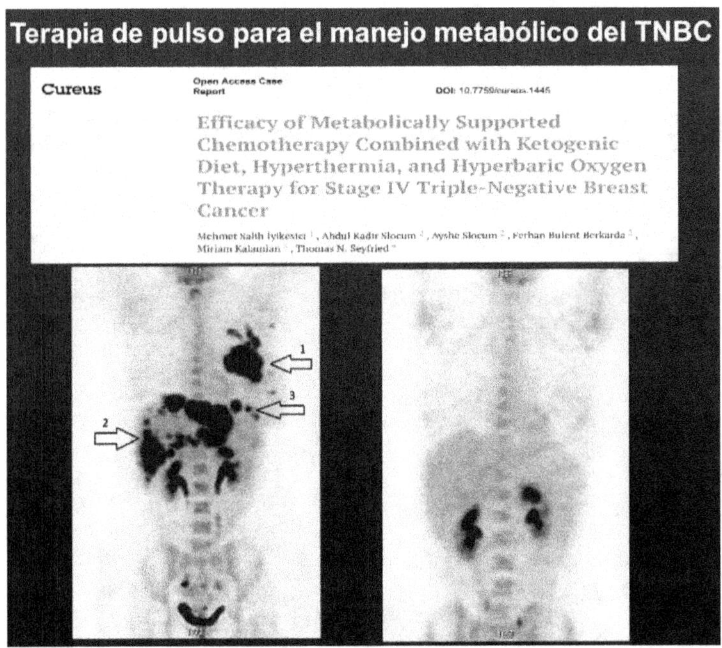


El número uno está en el pecho, el dos en el hígado, el tres en el tejido muscular blando. De nuevo, dietas cetogénicas, hipotermia, oxígeno hipobárico... ¡la menor dosis de quimio posible para seguir cumpliendo la ley! Le dije al Dr. Slocum "¿Qué pasa si nos deshacemos de la quimio?" "¡El paciente mejoraría!" ¡Pero tienes que hacerlo! Porque vas a perder tu licencia si no lo haces. ¿Puedes creerlo?

De todos modos, ¡a este paciente le va bien! Publicamos en Cureus Open Access. Alguien nos preguntó: "¿Cómo está ese paciente? ¿Cómo está ese paciente?" El Dr. Slocum dice que el paciente sigue bien. Nunca perdió el cabello, siempre tuvo una alta calidad de vida, nunca se enfermó. Y estamos viendo esto una y otra vez.

¡No en todos! No quiero que parezca que a todo el mundo le va bien. Sabes, hay algunas personas que no lo logran. Han sido tan golpeados por las normas tradicionales de atención, sus cuerpos no pueden recuperarse. Su capacidad para curarse está tan destruida por las normas tradicionales de atención, que no pueden curarse, no pueden recuperarse.

Así que tenemos esto, GBM y otros cánceres en estadio cuatro. ¡No los considero cánceres terminales! No creo que deban ser considerados cánceres terminales, ¿de acuerdo? Porque estamos maltratando a los pacientes. Los estamos poniendo en riesgo de muerte por los mismos tratamientos que estamos usando para tratar de salvarlos. No tiene sentido. ¿Envenenan e irradian a la gente para que esté sana? ¡Dame un respiro!

Tienes a Brittany Maynard "estándar de cuidado" - y luego tienes a Pablo, rechaza el estándar de cuidado. "Oh. Son sólo una persona."

No, no hay una... está Allison Gannett, está Andrew Scarborough, hay un montón por ahí... ¡sólo que aún no las hemos publicado!

Así que, Conclusiones:



- El cáncer es un tipo de enfermedad metabólica mitocondrial. ¡No es una enfermedad genética!

¿De acuerdo? Este malentendido es la mayor tragedia en la historia de la medicina. ¡Llevando al sufrimiento innecesario y a la muerte de decenas de millones de personas! ¡Por un malentendido fundamental de cuál es la naturaleza de la enfermedad!

- Estas células dependen de la fosforilación a nivel de sustrato.

¡Es el sello distintivo de lo que hacen estas células!

- Dependen de la glucosa y la glutamina como combustibles principales para el GBM y todos estos otros cánceres.

Necesitan ese combustible fermentable. ¿Quién está apuntando a los combustibles fermentables? Nadie.

- La terapia metabólica Press-Pulse no es tóxica, es rentable para la gestión y posible resolución de todos los tipos de cánceres

Es una enfermedad singular, todas estas células tumorales son fermentadoras. No hay ninguna diferencia. Es mi opinión y podría ser, ya sabes... No sé si viviré para verlo.... que esta estrategia eventualmente hará que todas las estrategias sean obsoletas. Es sólo cuestión de tiempo.

Así que quiero dar las gracias a mis colaboradores y colegas de Estados Unidos, Turquía, Alemania, Venezuela, Hungría, Grecia, Francia, Egipto, India y China. Los chinos quieren empezar ahora a integrar esto en su medicina tradicional china.

Y quiero dar las gracias especialmente a quienes nos apoyan y a la financiación que obtenemos de ellos, que es muy difícil, ¡créanme!

Se consiguen grandes cantidades de dinero para estudiar el cáncer, ¡pero muy poco para intentar resolver la enfermedad!

Single Cure Single Cause Foundation [ahora The Foundation for Metabolic Cancer Therapies], CrossFit - muchas gracias. Dr. Joe Maroon, cirujano del equipo de los Pittsburgh Steelers, distinguido neurocirujano de la Universidad de Pittsburgh. George Yu, oncólogo. Ellen Davis, Boston College. Y en el pasado el NIH.

Gracias por su atención.

# Dr. Thomas Seyfrieds book and paper:

Seyfried, *Cancer as a Metabolic Disease,* 2012 John Wiley Press;

———————

*Cancer as a metabolic disease: implications for novel therapeutics*

Thomas N. Seyfried,* Roberto E. Flores, Angela M. Poff and Dominic P. D'Agostino - *Carcinogenesis.* 2014 Mar

https://www.ncbi.nlm.nih.gov/pmc/articles/PMC3941741/

# Papers cited / mentioned (in chronological order):


1. Hallmarks of cancer: the next generation
Douglas Hanahan, Robert A Weinberg
*Cell.* 2011 Mar 4
https://pubmed.ncbi.nlm.nih.gov/21376230/

2. A comprehensive catalogue of somatic mutations from a human cancer genome
Erin D. Pleasance, R. Keira Cheetham, Michael R. Stratton
*Nature.* 463
https://www.nature.com/articles/nature08658

3. Transplantation of pluripotential nuclei from triploid frog tumors
R. G. McKinnell, B. A. Deggins, D. D. Labat
*Science.* 1969 Jul 25
https://pubmed.ncbi.nlm.nih.gov/5815255/

4. Reprogramming of a melanoma genome by nuclear transplantation
Konrad Hochedlinger, Robert Blelloch, Cameron Brennan et al.,
*Genes Dev.* 2004 Aug 1
https://pubmed.ncbi.nlm.nih.gov/15289459/

5. On the Origin of Cancer Cells
Otto Warburg
*Science.* 24 Feb 1956
https://science.sciencemag.org/content/123/3191/309

6. Effects of a ketogenic diet on tumor metabolism and nutritional status in pediatric oncology patients: two case reports
L. C. Nebeling, F. Miraldi, S. B. Shurin, E. Lerner
*J Am Coll Nutr.* 1995 Apr 14
https://pubmed.ncbi.nlm.nih.gov/7790697/

7. Role of glucose and ketone bodies in the metabolic control of experimental brain cancer.
T. N. Seyfried , T. M. Sanderson, M. M. El-Abbadi, R. McGowan, P. Mukherjee
*Br J Cancer.* 2003 Oct 6
https://pubmed.ncbi.nlm.nih.gov/14520474/

8. Antiangiogenic and proapoptotic effects of dietary restriction on experimental mouse and human brain tumors
Purna Mukherjee , Laura E. Abate, Thomas N. Seyfried
*Clin Cancer Res.* 2004 Aug 15

https://pubmed.ncbi.nlm.nih.gov/15328205/

9. Influence of caloric restriction on constitutive expression of NF-κB in an experimental mouse astrocytoma
Tiernan J. Mulrooney, Jeremy Marsh, Ivan Urits, Thomas N. Seyfried, Purna Mukherjee
*PLoS One.* 2011 Mar 30
https://pubmed.ncbi.nlm.nih.gov/21479220/

10. Dietary restriction reduces angiogenesis and growth in an orthotopic mouse brain tumour model
P. Mukherjee, M. M. El-Abbadi, J. L. Kasperzyk, M. K. Ranes, T. N. Seyfried
*Br J Cancer.* 2002 May 20
https://pubmed.ncbi.nlm.nih.gov/12085212/

11. Electron microscopy morphology of the mitochondrial network in human cancer
Gabriel Arismendi-Morillo
*Int J Biochem Cell Biol.* 2009 Oct
https://pubmed.ncbi.nlm.nih.gov/19703662/

12. Does the existing standard of care increase glioblastoma energy metabolism?
Thomas N. Seyfried, Laura M. Shelton, Purna Mukherjee
*Lancet Oncol.* 2010 Sep 11
https://pubmed.ncbi.nlm.nih.gov/20634134/

13. Effects of radiotherapy with concomitant and adjuvant temozolomide versus radiotherapy alone on survival in glioblastoma in a randomised phase III study: 5-year analysis of the EORTC-NCIC trial
Stupp R et al.,
*Lancet Oncol.* 2009 May 10
https://pubmed.ncbi.nlm.nih.gov/19269895/

14. The glucose ketone index calculator: a simple tool to monitor therapeutic efficacy for metabolic management of brain cancer
Joshua J. Meidenbauer, Purna Mukherjee, Thomas N. Seyfried
*Nutr Metab (Lond).* 2015 Mar 11
https://pubmed.ncbi.nlm.nih.gov/25798181/

15. Calorie restriction as an anti-invasive therapy for malignant brain cancer in the VM mouse
Laura M. Shelton, Leanne C. Huysentruyt, Purna Mukherjee, Thomas N. Seyfried
*ASN Neuro.* 2010 Jul 23
https://pubmed.ncbi.nlm.nih.gov/20664705/

16. Therapeutic benefit of combining calorie-restricted ketogenic diet and glutamine targeting in late-stage experimental glioblastoma
Purna Mukherjee, Thomas N. Seyfried et al.,
*Commun Biol.* 2019 May 29
https://pubmed.ncbi.nlm.nih.gov/31149644/

17. Management of Glioblastoma Multiforme in a Patient Treated With Ketogenic Metabolic Therapy and Modified Standard of Care: A 24-Month Follow-Up
Ahmed M. A. Elsakka, Thomas N. Seyfried et al.,
*Front Nutr.* 2018; 5; 20
https://www.ncbi.nlm.nih.gov/pmc/articles/PMC5884883/

# Capitulo 2

## El Dr. Dominic D'Agostino sobre la dieta cetogénica y el tratamiento del cáncer con pulsos de prensa

(...)

Estas son las aplicaciones de la dieta cetogénica y hay muchas aplicaciones que ni siquiera he puesto aquí:

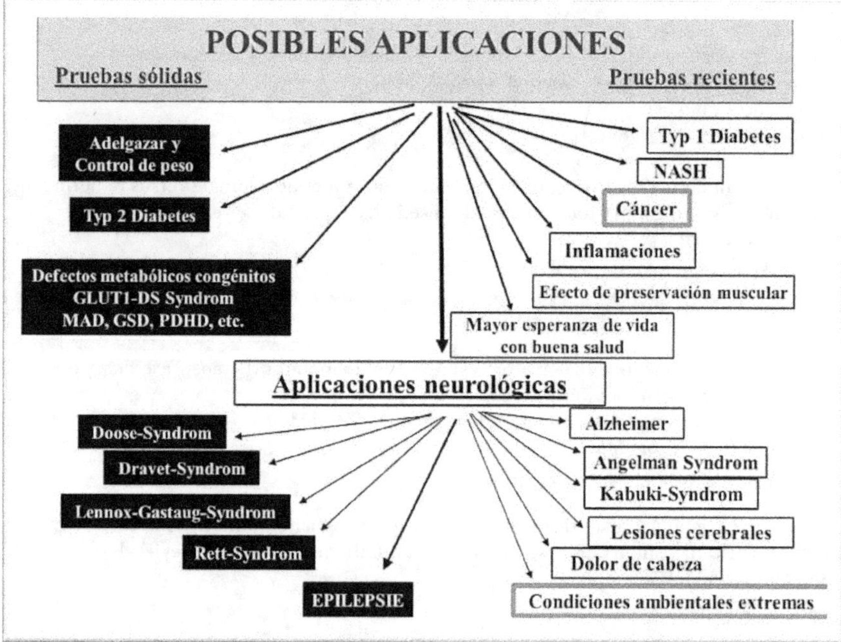



Como la dieta cetogénica para el acné o el síndrome de ovario poliquístico [SOP]. O también estudiamos diversos efectos psicológicos de las cetonas.

Así que voy a centrarme principalmente en el cáncer... pero fíjate en las aplicaciones emergentes. Y a la izquierda aquí están las cosas que tienen evidencia realmente fuerte en la literatura.

Pérdida de peso y control de peso, diabetes tipo 2, creo que podemos decir que hay una fuerte evidencia para eso. Obviamente errores innatos del metabolismo. La última vez antes de venir aquí, estuve en Chicago reuniéndome con médicos que administran cetonas por vía intravenosa en todos estos trastornos neuro-metabólicos y pueden dar vida a los niños dándoles cetonas cuando tienen trastornos metabólicos específicos.

Y cosas como el síndrome de Lennox-Gaustaug, se ha utilizado durante décadas para ese trastorno en la epilepsia. Lo tengo en las aplicaciones emergentes, pero creo que la diabetes tipo 1, también - hay datos emergentes de la gente por ahí usándolo. como el grupo "Typeonegrit" en Facebook.

Mi estudiante de doctorado forma parte de ese grupo y de él salió una publicación. Así que hay más datos emergentes.

Y en el cáncer: hace 10 años, creo que había uno o dos estudios en ClinicalTrials.gov y ahora miré esta semana, hay más de 30 ensayos clínicos sobre el uso de la dieta cetogénica en estudios sobre el cáncer. Así que este es un campo muy emergente y creo que vas a ver con los ensayos clínicos actuales, muchos más resultados de estos estudios serán hit-ting PubMed.

Fueron las observaciones que hicimos en los tipos de células que estudiamos bajo terapia de oxígeno hiperbárico y también con cetonas suplementarias... observamos que las cetonas disminuían la proliferación en estos tipos de células cancerosas lo que me llevó por este camino:

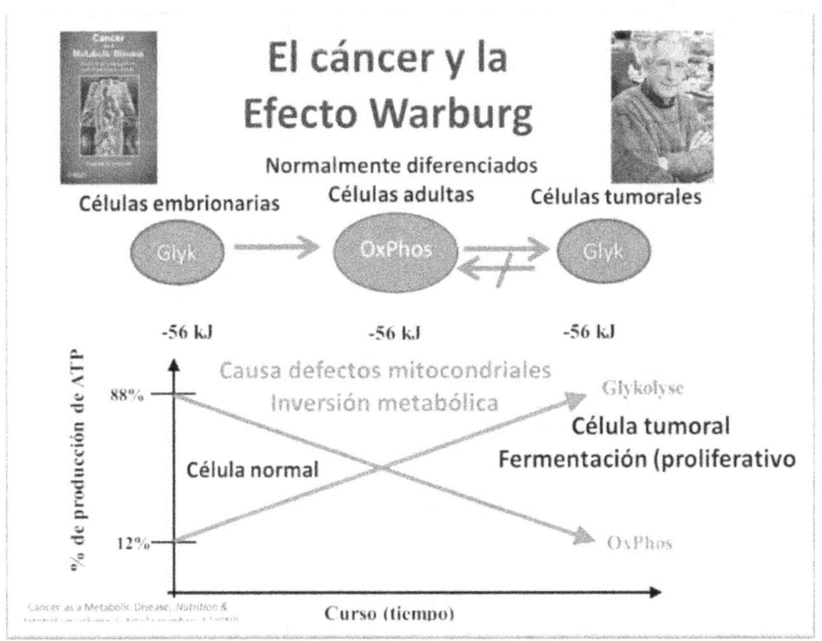

Se suponía que no debía estudiarlo, sino estudiar las convulsiones por toxicidad del oxígeno porque teníamos un contrato con la Marina y yo trabajaba a tiempo completo en ese contrato. Pero yo estaba obsesionado con estas observaciones que hicimos en las células cancerosas. Y lo único que realmente explicaba las observaciones que vimos fue el efecto Warburg.

Especialmente las mitocondrias dañadas y la sobreproducción de radicales libres de oxígeno a medida que aumentábamos la concentración de oxígeno. Y nadie lo había visto antes porque nadie tiene un microscopio dentro de una cámara hiperbárica, así que son observaciones novedosas y necesitaba explicarlas. Y me conectó con varias personas, incluyendo el Dr. Tom Seyfried en el Boston College.

Leí su revisión poco después de conectar con él, Cancer as a Metabolic Disease, que publicó en Nutrition & Metabolism y luego tiene un libro con el mismo nombre Cancer as a Metabolic Disease.

He publicado al menos siete artículos o estudios con Tom Sey-fried, él me explicó el Efecto Warburg que... ¡Yo había tomado la biología del cáncer en la universidad y nunca había oído hablar de él antes! Que el metabolismo del cáncer es fundamentalmente diferente del metabolismo de las células sanas.

Esencialmente el Efecto Warburg en una frase es respiración mitocondrial dañada y hay fermentación compensatoria. Así pues, los procesos energéticos básicos que permiten a una célula mantener su potencial bioenergético serían la fosforilación oxidativa. La mitocondria produce entre el 88 y el 90% del ATP, la corriente energética de la célula. En las neuronas y el corazón y el músculo esquelético, también.

Y como una persona o las células están expuestas a una serie de agentes diferentes, que podrían ser
- sustancias químicas
- radiación
- inflamación
- hipoxia
- resistencia a la insulina e
- hiperglucemia

estos agentes producen un ambiente muy maduro para que las mitocondrias se dañen y el ADN mitocondrial se dañe.

El núcleo tiene mecanismos de reparación del ADN muy robustos. La mitocondria no tiene mecanismos de reparación del ADN tan robustos. Así que si una célula es bombardeada con cosas como radiación o agentes cancerígenos, la capacidad de la mitocondria para repararse a sí misma no es tan alta, no es tan robusta como la capacidad del núcleo para reparar el ADN.

Así que las mitocondrias reciben un gran golpe. Y a medida que la función mitocondrial se deteriora por el daño progresivo de los agentes ambientales... los virus, por ejemplo, pueden causar cáncer. ¡Y los virus que causan cáncer dañan la función mitocondrial!

Así que la función mitocondrial disminuye, los niveles de ATP celular bajan y el núcleo de la célula puede sentir el potencial bioenergético de la célula, puede sentir los niveles de ATP - y siente que la célula está en una crisis energética.

Y cuando llega a este umbral, yo diría... y cada célula es diferente, cada persona es diferente. Quiero decir, hay un montón de varia-bles aquí. Pero llega un umbral en el que el daño progresivo a la función mitocondrial provoca una cascada de acontecimientos para activar una serie de vías genómicas que estimulan a la célula a aumentar la glucólisis. Y varios oncogenes están asociados con el aumento del metabolismo de la glucosa. Así, una célula normal se transforma y...

También tenemos que entender que las células embrionarias que proliferan y crecen rápidamente también tienen un fenotipo glucolítico. Pero las células normales que no proliferan obtienen su energía principalmente de la fosforilación oxidativa mitocondrial. Cuando las mitocondrias resultan dañadas por diversos agentes, se transforman. Creo que la hiperglucemia, la hiperinsulinemia, el síndrome mitocondrial es uno de los principales impulsores de este daño mitocondrial.

Cuando la célula pasa de una vía energética de fosforilación oxidativa a una vía más glucolítica por el daño mitocondrial, entonces hay un punto de no retorno. Se pasa de una célula normal a una célula tumoral. Se debate, pero no se entiende del todo, si una célula tumoral puede volver a ser una célula sana. En general, no creemos que eso pueda suceder, quizás en algunos casos sí.

Pero cuando una célula normal se activa y un programa oncogénico y los conductores se ponen en marcha, se convierte en una célula tumoral. Y hay una serie de factores que pueden impulsar el Efecto Warburg y convertir ese tumor en una biomasa en expansión hasta convertirse en un gran tumor sólido. Y los impulsores del Efecto Warburg pueden activar la invasividad y la metas-tasis, donde esas células tumorales entran en la circulación y luego me-tastasizan. Entonces se convierte en una especie de proceso irreversible.

Así que estos son los impulsores del efecto Warburg y tal vez, supongo que Tom Seyfried diría los "iniciadores" del efecto Warburg:

# Causas del efecto Warburg

- Mitocondrias dañadas
- Hipoxia tumoral
- Aumento de la insulina, la glucosa y el lactatc
- Aumento de la actividad PI3K/AKT/mTOR
- Aumento de ROS e inflamación
- Inmunidad antitumoral suprimida

La teoría metabólica del cáncer postula que el daño inicial a las mitocondrias es el factor que básicamente transforma una célula normal en cancerosa. Sin duda, hay genes implicados. Pero el control metabólico de esos genes es probablemente la causa raíz.

Y ahora, los genetistas... ya sabes, en años pasados sólo se relacionaba con alteraciones genéticas. Pero ahora tenemos una apreciación y una comprensión (y la investigación dirigida por el NIH) para entender cómo el metabolismo está dirigiendo esas vías de genes para iniciar realmente la carcinogénesis y los factores asociados con la progresión del cáncer, también.

Así que las mitocondrias dañadas dentro de la teoría de la teoría metabólica del cáncer es la causa inicial y también un motor importante. Hay una desorganización del metabolismo tumoral.

Hipoxia tumoral: A medida que un tumor se expande, a medida que la biomasa se expande, el núcleo de ese tumor se vuelve hipóxico, daña más las mitocondrias, hay más mutaciones genéticas y el interior del tumor adopta un fenotipo Warburg más agresivo. Así que está literalmente fermentando azúcar a medida que crece.

Y realmente las personas con tumores avanzados si miran el tumor actu-al, las mitocondrias son deficientes, son estructural y bioquímicamente anormales. Y según el Dr. Seyfried y algunos de los colegas con los que me he relacionado, cuando se trata de tumores ag-progresivos ¡nunca han encontrado un tumor que tenga lo que llamaríamos mitocondrias "normales"!

Las mitocondrias dañadas son uno de los principales factores del cáncer. Si sus mitocondrias están sanas, ¡ellas llevan la voz cantante! Las mitocondrias sanas mantendrán un alto estado bioenergético de la célula, los altos niveles de ATP mejorarán la fidelidad del genoma nuclear de tal manera que los procesos de reparación del ADN ocurrirán y preservarán esa estabilidad genómica.

Creo que este es un punto muy importante que Tom Seyfried trata de destacar: Los supresores tumorales definitivos son las mitocondrias sanas. Hay diferentes maneras: Ejercicio, CrossFit, dieta cetogénica, nutrición baja en carbohidratos, ayuno intermitente, restricción calórica periódica - sabemos que todas estas cosas mejoran la función mitocondrial.

El aumento de la insulina, la glucosa y el lactato, así como de la vía PI3K/AKT/mTOR, es uno de los principales motores del cáncer. Lew Cantley, por ejemplo, uno de nuestros colaboradores, está desarrollando fármacos contra esta vía. Curiosamente, estos fármacos no funcionan en el contexto de una dieta normal. Necesitan ser utilizados en el contexto de una dieta que suprima la señalización de la insulina. Así pues, la dieta cetogénica potencia drásticamente el efecto de estos fármacos metabólicamente dirigidos, los inhibidores de la PI3 cinasa.

Elevado ROS y la inflamación: Así que la sobreproducción de especies reactivas de oxígeno pone en marcha vías inflamatorias que pueden dañar las mitocondrias y realmente estimular.

Inmunidad antitumoral suprimida: A medida que el tumor bombea lac-tato y baja el pH, que en realidad cambia el micro-ambiente para evitar que su cuerpo reconozca que usted tiene un tumor. Y la dieta cetogénica aumenta la inmunidad asociada al cáncer. Así que ayuda a aumentar la vigilancia de su sistema inmunológico para reconocer el cáncer y atacarlo a través de una serie de mecanismos. Y mi colega Adrienne Scheck, anteriormente en el Instituto Neurológico Barrow, ha estudiado y publicado sobre eso.

Así que para futuras direcciones, tuvimos esta idea sobre un enfoque para un nuevo enfoque de tratamiento del cáncer. Y Tom Seyfried, mi colega, hemos escrito y co-autor de una revisión sobre esto. Hablando de esta idea de un enfoque de pulso de prensa:

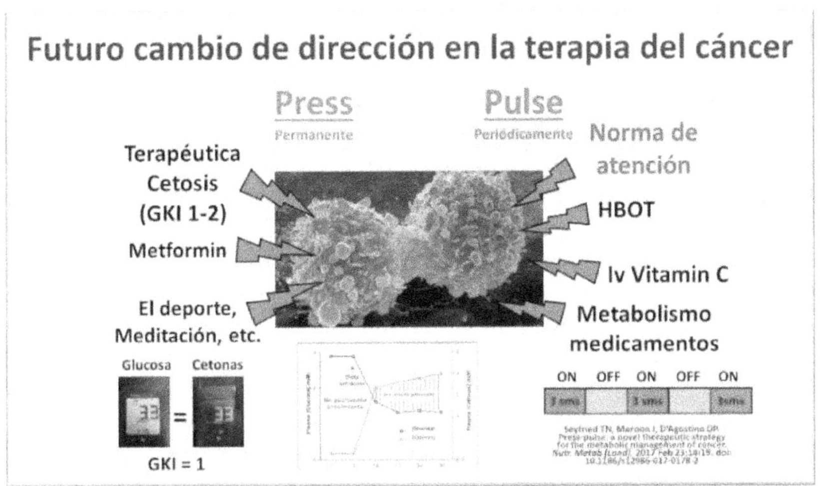


Donde un programa terapéutico "de prensa" sería una rutina diaria de mantenimiento de un alto estado de cetosis terapéutica.

El Dr. Seyfried utiliza el índice glucosa-cetona [GKi]: Si tu nivel de glucosa es de 3 milimolar y tu nivel de cetonas es de 3 milimolar, tendrías un índice glucosa-cetona de 1. Si tu glucosa fuera de 4 y tus cetonas fueran de 2, tendrías un índice glucosa-cetona de 2.

Creemos que mantenerse en ese rango de 1 a 2, si nos fijamos en todos los estudios de modelos an-imales (especialmente para las convulsiones), es extremadamente terapéutico. Golpea todas esas vías que acabo de mostrarles que se dirigen al metabolismo del cáncer.

El fármaco metformina, posiblemente, podría ser utilizado de forma continua. Creo que Tom es un poco resistente a la metformina. Puede tener algunos efectos secundarios.

Pero el ejercicio, la meditación... estas cosas pueden ayudarte a conseguir un índice glucosa-cetona ideal. Lo cual sabemos... hablamos de la zona metabólica: Bajas la glucosa al nivel de cetonas y subes las cetonas.

Si te mantienes dentro de esa zona, sabemos experimentalmente en modelos animales (y creo que los datos humanos lo demostrarán y algunos apuntan en esa dirección) que, como mínimo, estás ralentizando el tumor, quitando el pie del acelerador del crecimiento del cáncer. Para los cánceres que responden a eso, que tienen el efecto Warburg. O tienen un "fenotipo Warburg", como decimos nosotros.

Pero eso prepara el terreno para que se utilicen otras opciones de tratamiento y nuestra idea es utilizarlas de forma intermitente. Tres semanas sí, tres semanas no.

Soy partidario del tratamiento estándar: quimioterapia, radioterapia e inmunoterapia. Creo que para muchos tipos de cáncer pueden ser muy eficaces y se toleran bien.

**Me he comunicado con bastantes pacientes que obtienen una respuesta mucho mejor de estos tratamientos si están en la dieta cetogénica. Y me han dicho que los efectos secundarios son mucho menores si siguen una dieta cetogénica.**

Terapia de oxígeno hiperbárico [HBOT]: Ahora sólo nos basamos en estudios de modelos animales, pero... Los estudios que le mostré hace 10 años, cuando estudiaba los tumores cerebrales, las células y las mitocondrias de las células cancerosas explotaban, ¡pero las células cerebrales sanas normales no! Eso me convenció mucho de que el oxígeno a alta presión era mucho más tóxico para las células cancerosas que para las células sanas normales.

Y publicamos esa observación en Neuroscience, pero en realidad no lo empaquetamos como un efecto anticancerígeno. Fue sólo una observación interesante.

IV Vitamina C: David Diamond me dijo que la vitamina C es un antagonista de la glucosa ... ¡La vitamina C a niveles altos, a concentración milimolar, puede ser un pro-oxidante! De hecho, estimula la producción de especies reactivas de oxígeno y el estrés oxidativo.

Así que podría ser utilizado como una terapia pro-oxidante, con o sin terapia de oxígeno hiperbárico. Pero creo que funcionaría mejor con oxigenoterapia hiperbárica.

Y toda una caja de herramientas de medicamentos metabólicos.(...)

---

## Dr. D'Agostinos and Dr. Seyfrieds paper regarding the press-pulse treatment for cancer:

*Press-pulse: a novel therapeutic strategy for the metabolic management of cancer*
Thomas N. Seyfried, George Yu, Joseph C. Maroon, Dominic P. D'Agostino
*Nutr Metab (Lond).* 2017 Feb 23

https://pubmed.ncbi.nlm.nih.gov/28250801/

# Capítulo 3

## En pos de la salud nº 97; Entrevista con el Dr. Thomas Seyfried

**Introducción y anfitriona Julie Foucher, MD**

Hola y bienvenidos a Persiguiendo la Salud. Este es sin duda el episodio más controvertido del podcast que les he traído hasta la fecha, pero estoy muy emocionada de compartir esta próxima conver-sación con ustedes.

Un poco de historia sobre el **Dr. Seyfried:** Thomas Seyfried, PhD, es un genetista bioquímico, científico y profesor en el Boston College. Lleva más de 25 años enseñando e investigando en los campos de la neuroquímica, la neurogenética y el cáncer.

A través de su extensa investigación, Thomas ha encontrado pruebas que apoyan la hipótesis de que el cáncer es una enfermedad metabólica, frente a la creencia generalizada de que su origen es genético.

En su opinión, este malentendido fundamental ha conducido al fracaso de las estrategias de tratamiento y prevención. En su innovador texto El cáncer como enfermedad metabólica, Thomas explica paso a paso la teoría metabólica del cáncer, desde los experimentos científicos más básicos hasta los estudios clínicos que respaldan esta visión poco convencional.

Ahora, aunque sigue siendo poco convencional, esta visión metabólica de los orígenes del cáncer es compartida por muchos de los mejores científicos de todo el mundo y está informando su investigación sobre terapias metabólicas para prevenir y tratar el cáncer, incluyendo una dieta cetogénica.

Creo que es importante compartir el estado actual de la ciencia con los pacientes y con el público en general, que es por lo que estaba tan emocionada de sentarme con el Dr. Seyfried para este episodio.

La ciencia y nuestros dogmas convencionales se cuestionan, refutan y cambian constantemente. Un ejemplo: No hay más que ver el cambio de paradigma que se está produciendo sobre la grasa y las enfermedades cardiacas en las últimas décadas.

Recomiendo encarecidamente a cualquiera que tenga una visión convencional del cáncer que se cuestione a sí mismo leyendo el texto del Dr. Seyfried antes de sacar sus propias conclusiones.

Así que el Dr. Seyfried y yo nos sentamos en la Conferencia de Salud CrossFit 2018 (que se celebró en Madison, Wisconsin) y allí discutimos la teoría metabólica del cáncer, cómo llegó a esta comprensión y algunas de las investigaciones que está haciendo sobre terapias metabólicas. Así como algunos de los retos a los que él y otros en este campo de investigación se enfrentan hoy en día.

Espero que disfruten de este episodio, que les haga pensar y que cuestione algunos de sus puntos de vista actuales. A mí, desde luego, me lo ha hecho.

**Foucher:**
¡Bienvenidos a Persiguiendo la Salud! Estoy muy emocionado de estar aquí con el profesor Thomas Seyfried que acaba de dar una charla increíble en nuestra Conferencia de Salud CrossFit esta semana. Así que gracias por unirse a mí aquí en el podcast.

**Dr. Seyfried:**
Gracias Julie, es un placer estar aquí.

**Foucher:**
Así que pensé que podríamos empezar con la forma en que se involucró con CrossFit porque creo que es una historia interesante en sí misma. ¿Cómo acabó aquí en la Conferencia de Salud de CrossFit?

**Dr. Seyfried:**
Bueno, fue Greg Glassman leyendo mi libro con su padre. Y al parecer le pareció que el argumento que yo exponía en el libro era acertado. Habiéndolo discutido con su padre, leyendo casi cada página. Y luego creo que su padre Jeff tuvo una serie de problemas con algunos de los datos que presenté en el libro y escribió una larga serie de preguntas y preocupaciones.

Se las planteé a mis estudiantes, a mi principal socio Purna Mukherjee y lo discutimos largo y tendido. Formulamos una refutación a las preguntas de Jeff lo suficientemente detallada como para apaciguar sus preocupaciones. Porque creo que Greg respeta mucho a su padre, ya que ha hecho carrera en el campo de las mediciones de precisión... y creo que quedó claro que lo que decíamos era exacto, en la medida en que cada uno podía entender la información.

Y, por lo tanto, contrastado significativamente con las normas de lo que pensamos que es el cáncer. Y creo que ese tipo de solapamientos con la filosofía de Greg, ya sabes, desafiar a los sistemas que perpetúan la desinformación y creo que el campo del cáncer es uno de ellos.

Así que se convirtió en muy entusiasmado con esto. Por lo que tengo entendido corrió por ahí dando a todo el mundo ... compró una pila entera de mis libros y comenzó a darles a todas estas personas CrossFit.

**Foucher:**
Lo hizo, ¡me dio uno! La primera vez que tuve a Greg en el podcast me dio una copia de tu libro y me dio una copia del libro de Travis

Christofferson. Y creo que hizo lo mismo con otras personas y consiguió que lo leyeran.

**Dr. Seyfried:**
¡Correcto! Así que mi afiliación con CrossFit vino enteramente de Greg y su padre Jeff. Y no fui yo el que llegó a ellos, fueron ellos los que llegaron a mí. Sí. Y creo que ha sido un gran defensor de nuestra posición, digámoslo así. Eso es correr la voz a muchos médicos que, ya sabes, tal vez ...

Usted escuchó las conversaciones que tuvimos aquí: La discusión de Jason Fung fue muy acertada. Todos están en... Quiero decir, hay serios problemas aquí y el cáncer es uno de ellos. Yo lo llamo "el perro grande" de la medicina. Quiero decir, está masacrando a la gente.

Sabes, la diabetes tipo 2 no es buena, te enferma y te da todas estas otras cosas. Pero no te mata de inmediato. ¡Y no tienes que estar envenenado! No tienes que creer que necesitas envenenarte para conseguir una remisión o curación. Quiero decir, todo está al revés, es una locura.

**Foucher:**
Es una locura y quiero hablar mucho de tu trabajo y de algunas de las cosas de las que hablaste ayer. Pero, sólo para sentar las bases y los antecedentes para la gente:

¿Puede describir su formación en investigación y cómo llegó a estas conclusiones?

**Dr. Seyfried:**
Sí. Bueno, es un camino muy largo y tortuoso, ya que me formé en bioquímica lipídica y genética. Me licencié en ge-netica en la Universidad de Illinois y también en la Universidad Estatal de Illinois. Tengo dos títulos en genética, uno por la Illinois State Uni-versity y un doctorado por la Universidad de Illinois. Son programas de primer nivel.

Pero en aquella época trabajábamos sobre todo con gangliósidos, una molécula lipídica que se acumula en el cerebro de los niños con la enfermedad de Tay-Sachs. Así que estaba estudiando eso, obtuve mi doctorado en bioquímica de gangliósidos, tratando de mirar a los modelos animales que tenían la enfermedad de almacenamiento.

Después hice un postdoctorado en la Universidad de Yale y luego entré a formar parte de la facultad de Yale, en el Departamento de Neurología. Su gran tema era la epilepsia y estaban entusiasmados con la genética de la epilepsia, así que empezamos a mapear los genes de la epilepsia. Porque si quieres permanecer en ese departamento es mejor que hagas algo con la epilepsia. Así que hicimos epilepsia y gangliósidos, epilepsia y genes, epilepsia y esto y lo otro.

Pero aquí hay algo interesante: Escribí una propuesta a la Universidad de Yale, a mediados, finales de los 70. Creo que fue como en el 79 o 78, sobre el uso de la dieta cetogénica para trabajar con algunos de los modelos epilépticos. Ellos respondieron "Oh, eso es pasado. Ya nadie lo hace..."

**Foucher:**
¿Qué le impulsó a hacer eso, sólo porque estaba mirando investigaciones anteriores?

**Dr. Seyfried:**
Sí. Dije: "¡Oh, esto podría ser interesante!". Pero ellos dijeron "No, no. ¡Es todo basura! La dieta no está relacionada..."

**Foucher:**
Interesante.

**Dr. Seyfried:**
Sólo más tarde, cuando estaba en el Boston College, uno de mis estudiantes fue a una reunión en Seattle. Había una reunión sobre epilepsia, mecanismos básicos. Y Jim Abrams estaba allí. Jim Abrams es un productor de cine de Hollywood. Hizo las películas Airplane y Naked Gun. Ya sabes, ese tipo de cosas.

Y él estaba empujando ceto porque su hijo Charlie estaba cerca de la muerte por epilepsia. Ellos comenzaron la Fundación Charlie. Y poco después, Meryl Streep (un amigo de Jim Abrams) hizo esta primera película de No Hacer Daño. Que se trataba de los médicos que estaban empujando las drogas en este niño con epilepsia que en realidad era Charlie y cómo le estaba haciendo daño y matándolo.

Jim encontró la dieta cetogénica por accidente en Johns Hopkins y empezaron a poner a Charlie en esta dieta y lo hizo remarka-bly bien. Y hoy, Charlie, el hijo de Jim, se ha graduado en la universidad. Le está yendo muy bien. Creo que ahora puede haberse casado.

Pero de todos modos, Jim estaba indignado con el sistema. Uno de mis stu-dents oído todo esto, volvió y me dijo que son grandes en esta dieta cetogénica de nuevo. No otra vez, pero ella nunca había oído hablar de ella. Oí hablar de ella, por supuesto que sabía lo que era. Pero dije "¡Yale no piensa nada de eso!"

De todos modos, empezamos ... ella estaba tan entusiasmada, una estudiante mía. Ella estaba tan entusiasmada así que le dije "Muy bien, vamos a intentarlo." Esto es en el Boston College.

**Foucher:**
Así que se nota: El entusiasmo puede llegar muy lejos cuando eres estudiante.

**Dr. Seyfried:**

Sí. Bueno, ella era muy persuasiva, "Vamos a verlo de nuevo". Pero mientras yo estaba en Yale, también estaba haciendo un montón de investigación de lípidos y estábamos buscando gangliósidos en los tumores, de todos modos. Eso había cambiado, ya que una de las personas con las que estaba trabajando observó que los gangliósidos son anormales en los tumores. Así que hicimos algunos modelos de cáncer cerebral mientras yo estaba en Yale y empezamos a buscar gangliósidos en los tumores cerebrales.

El trabajo estaba relacionado sobre todo con las anomalías bioquímicas de los tumores. Pero al mismo tiempo estudiábamos la genética de la epilepsia. Así que cuando dejé Yale (asumí la cátedra en el Boston College) empezamos a reconstruir todo el programa de Yale al Boston College.

Y construimos los modelos animales, desarrollando más modelos animales de cáncer cerebral. Pero al mismo tiempo empezamos con las dietas cetogénicas, mapeando genes, y luego nos transformamos en el uso de la dieta cetogénica para el cáncer.

Sin embargo, primero empezamos con la restricción calórica. Porque la Dra. Mukherjee se unió a mí en 1999 y ella era un gran tipo de restricción calórica. Y en realidad...

Fue muy gracioso, creo que también está en el libro de Travis. Porque él también me preguntó cómo me metí en esto. Ya sabes, todas estas cosas estaban sucediendo, pero no se superponían.

Pero en nuestro trabajo sobre gangliósidos estaba esta droga, NBDNJ, que parecía que estaba impactando la enfermedad de Tay-Sachs. Y yo estaba estudiando los gangliósidos, que es el origen de lo que son estas enfermedades de almacenamiento de lípidos.

Así que por casualidad, uno de mis estudiantes, yo o alguien... decidimos tomar este medicamento y dárselo a ratones que tenían tumores cerebrales. Sólo para ver si podíamos cambiar el patrón de gangliósidos en el tumor.

Porque habíamos estudiado los gangliósidos en los tumores, ahora estábamos estudiando la enfermedad de Tay-Sachs y los gangliósidos. Y mi colega Frances Platt, de la Universidad de Oxford, en Inglaterra, había dicho: "¡Eh, tenemos este fármaco, es realmente emocionante!".

Así que tenía la droga, me la enviaron. Y por alguna razón ... porque, en aquellos días, teníamos un costo animal libre. ¡Ahora nos cuestan una fortuna! Así que pudimos hacer cosas que hoy ya no haríamos. Como "¡Sólo inténtalo!", no escribíamos un protocolo, sólo lo hacíamos.

¡Y de repente los malditos tumores se redujeron! En los animales que estaban siendo tratados con un fármaco inhibidor de la síntesis de gangliósidos. Así que llamé a la compañía que lo estaba fabricando.

Frances, mi colega, les dijo: "¡Eh, han descubierto que este fármaco puede reducir los tumores!".

Así que, por supuesto, ¡la empresa estaba muy interesada! La enfermedad de Tay-Sachs es una enfermedad huérfana. De cada cien mil personas, una contrae esta enfermedad. Es una enfermedad devastadora para los niños. Quiero decir, seamos honestos. Y todavía estamos trabajando en ello, por cierto.

Pero, por supuesto, la empresa "¡Oh, wow!" - porque el cáncer es mas-sivamente más grande que la enfermedad de Tay-Sachs. Así que se enteraron de que había descubierto que este fármaco gangliósido reduce los tumores. Así que me preguntaron "¿Cuánto dinero necesitas? Sólo dime el cheque y lo escribiré, ¡porque queremos que explores esto!". Así que dije "Hm, tal vez 200.000 dólares". "¡No hay problema!" ¡Me dieron los 200.000 dólares inmediatamente! Fue como si al día siguiente llegara el cheque a la Universidad para mi investigación.

Así que empezamos entonces un análisis más detallado de la droga. Y efectivamente, le dimos la droga a los ratones y se comían la comida... pero nos dimos cuenta de que su peso corporal era cada vez menor, ¿de acuerdo? De hecho, contraté a Purna para que me ayudara con este trabajo de drogas porque ella había estado haciendo mucho trabajo con animales con restricción calórica y todas estas cosas.

Así que vino y dijo "¡El fármaco tiene un efecto anti-angiogénico!" - que es aún más potente, que es más emocionante. Reduce los vasos sanguíneos y todo esto. Pero todos nos dimos cuenta de que los animales que estaban comiendo la droga, su peso corporal era cada vez menor.

Pero entonces alguien dijo: "¡Bueno, hay que tener mucho cuidado con algunos de estos fármacos porque inducen una re-stricción calórica indirecta!"

Así que dije: "Vale, vamos a preparar un nuevo experimento: Vamos a tener

- Animales que no reciben el fármaco: sus tumores crecen como locos (Grupo 1).
- Animales que reciben el fármaco: sus tumores son mucho más pequeños. (Grupo 2)
- Y un tercer grupo: Animales que no reciben la droga pero se les restringe la comida para igualar el peso corporal del grupo de la droga. (Grupo 3)

Y los resultados de los grupos 2 y 3 fueron exactamente los mismos. Así que el fármaco no tuvo ningún efecto sobre nada más que el hecho de que hizo que los ratones comieran menos. Y su peso corporal se redujo y eso fue todo un efecto indirecto de restricción calórica.

**Foucher:**
¡La compañía probablemente no estaba muy entusiasmada con eso!

**Dr. Seyfried:**
¡Sí, estaban bastante lívidos! Así que intentaron decirme: "Bueno, cuando lo escribas tienes que centrarte en el cambio de los gangliósidos en el tumor porque eso es lo que va a ser excitante". Sí, el fármaco cambió los gangliósidos en el tumor. Pero ese no era el efecto terapéutico. Esa no era la razón por la que funcionaba. Funcionaba porque inducía la restricción calórica.

Y luego fuimos a mostrar más tarde, que la restricción calórica disminuye el azúcar en la sangre y eleva las cetonas. Luego volvimos a Warburg que encontró lo mismo muchos años antes que nosotros.

Yo dije: "¿Qué está pasando aquí?" Funciona, porque la re-stricción calórica baja el azúcar en la sangre. Warburg dijo que los azúcares están impulsando los tumores y que tienen una respiración defectuosa.

Así que cuando publicamos el artículo dijeron: "¡No pongas lo de la restricción calórica!" y yo dije que tenía que hacerlo. "¡No voy a mentir, esta es la parte principal!" Les molestó, por supuesto, y lo cancelaron. No más dinero. Porque en realidad habíamos encontrado un mecanismo que no era sexy, básicamente.

**Foucher:**
No iba a hacerles ganar dinero.

**Dr. Seyfried:**
No, esto no les iba a hacer ningún dinero - cuando se puede obtener el mismo efecto comiendo menos comida, ¡ya sabes! Así que nos dejaron en eso.

**Foucher:**
¿Así que usted había descubierto más sobre el trabajo de Warburg a través de esto?

**Dr. Seyfried:**
Sí. Bueno, en aquel momento yo no sabía demasiado. Había oído hablar de él, todo el mundo había oído hablar de Warburg. Warburg es sólo su nombre, Warburg, porque él construyó el aparato. Al igual que, es sólo la máquina de Warburg el Warburg esto y aquello. Y él había sido una figura importante.

Pero, ya sabes, como genetista y como bioquímico de lípidos en la epilepsia y gangliósidos, el trabajo de Warburg nunca entró realmente

66

en nuestra investigación en absoluto. Pero cuando descubrimos lo de la glucosa...

Linda Nebeling (cuyo trabajo he referenciado) hizo un trabajo en 1995: Trató a niños pequeños con cáncer cerebral basándose en la teoría de Warburg de bajar el azúcar en sangre y elevar las cetonas.

Warburg no hablaba demasiado de las cetonas, pero sí del azúcar en sangre. Así que estábamos viendo lo mismo en estos ratones que estaban recibiendo el llamado "medicamento especial", que estaba bajando el azúcar en la sangre y elevando las cetonas. Y yo dije "Bueno, eso es justo para lo que usamos las dietas cetogénicas: Para bajar el azúcar en la sangre y elevar las cetonas en los niños para detener sus convulsiones".

Dije "¡Este fármaco está haciendo lo mismo y deteniendo el crecimiento del tumor!". Warburg dijo "Todo se debe a que las células cancerosas tienen dañada la respiración". Así que volvimos a analizar la hipótesis y la teoría de Warburg con mucho cuidado y dijimos "¡Warburg! Este tipo probablemente tenga razón"

**Foucher:**
¿Puede explicar a los oyentes que no estén familiarizados con su teoría en qué difiere de nuestra concepción convencional actual?

**Dr. Seyfried:**
Bueno, Warburg hizo el descubrimiento seminal de que todas las células cancerosas producen grandes cantidades de ácido láctico. Y eso se confirma una y otra vez, en todas partes. Y los escáneres PET, fluorodesoxiglucosa-PET, iluminan los tumores porque están absorbiendo mucha glucosa. Pero también están expulsando ácido láctico.

Y Louis Pasteur en la década de 1800 hizo el descubrimiento fundamental de que las células de levadura están fermentando. Producen una gran cantidad de ácido láctico. Pero tan pronto como entra oxígeno, dejan de fermentar y vuelven a fermentar. Ya no producen ácido láctico, con oxígeno. Y eso se llama el efecto Pasteur. Y Warburg había mencionado este Efecto Pasteur y argumentó que las células cancerosas tienen un Efecto Pasteur defectuoso.

Porque aunque pongas oxígeno en el ambiente, a diferencia de la levadura, la célula cancerosa sigue produciendo ácido láctico aunque el oxígeno esté presente. Así que, claramente, desviándose de lo que Louis Pasteur había dicho. Y Warburg dijo "Bueno, ¿cómo se explica eso? ¿Por qué una célula cancerosa seguiría fermentando cuando el oxígeno está presente?" Y puso a estas células cancerosas en oxígeno al 100% y aún así produjeron ácido láctico, ¡lo cual es increíble!

Llegó a la importante conclusión de que su respiración es defectuosa. Y la razón por la que tienen que fermentar es porque no pueden respirar. Hizo experimentos elegantes, uno tras otro, observando tejidos normales, tejidos cancerosos, todo tipo de cosas. Y llegó a la conclusión de que la respiración es defectuosa y esa es la razón por la que fermentan.

Mucha gente hoy en día, incluso hoy en día, no creen eso. Piensan que Warburg estaba equivocado. Sólo porque si Warburg tiene razón casi todos los demás están equivocados. Así que tienen que defender el statu quo diciendo que Warburg está equivocado, con un mínimo de información o desinformación sobre su teoría. Eso es lo que ocurre hoy en día en algunas de las mejores facultades de medicina, argumentando que Warburg estaba equivocado.

Escribí el libro para demostrar que Warburg tenía razón. Y revisé grandes cantidades de datos, de cientos de experimentos, durante décadas de investigación. De microscopía electrónica, química de proteínas, química de lípidos, todo.

Hemos investigado en nuestro laboratorio para demostrar que los sistemas respiratorios de los tumores de ratón son defectuosos, ¡no hay duda! Y esa es la razón por la que fermentan, apoyando exactamente la teoría de Warburg. Y sin embargo, la gente ignora todo esto.

Es demasiado devastador decir que este tipo, Warburg (que había ganado el Premio Nobel) tenía razón. Era una especie de científico alemán arrogante... fue perdonado por Hitler porque Hitler temía al cáncer y Warburg era el principal cancerólogo del mundo. A pesar de que era en parte judío. Hitler dijo: "¡Yo decido quién es judío y quién no!"

Porque decidió que este tipo podría salvar su vida, posiblemente. ¡Si Alemania hubiera ganado la guerra, el cáncer probablemente se habría curado! Por supuesto, todo con Alemania después de la guerra fue desacreditado.

**Foucher:**
¿Es por eso que esta teoría fue dejada de lado?

**Dr. Seyfried:**
Se dejó de lado por varias razones. La primera: Siempre hubo un debate sobre el origen del ácido láctico. ¿Fue realmente la respiración dañada? Muchos experimentos que no se hicieron correctamente dijeron que no lo era. Otros experimentos que se hicieron correctamente dijeron que sí.

Pero al mismo tiempo, Watson y Crick habían descubierto la estructura del ADN. Y entonces descubrieron que había anomalías en el ADN de las células tumorales. Esto fue lo más sexy y caliente de la ciencia en el siglo XX - ¡y todo el mundo salió corriendo persiguiendo genes! Y así siguió siendo, y hoy en día seguimos sufriendo esa migración, esa especie de migración del pensamiento de grupo de los lemmings.

Porque el descubrimiento del ADN fue tan profundo... descubrimos los defectos en el origen molecular del gen. El gen es el ADN y los genes lo controlan todo y los genes son defectuosos, el ADN es defectuoso en los tumores.

**Foucher:**

Así que tal vez todo esto es sólo acerca de la oportunidad de estos descubrimientos.

**Dr. Seyfried:**

Lo que sucedió fue: Todos los bioquímicos, todo el mundo corrió tras los defectos genéticos en el cáncer y sintió que este era el origen de la enfermedad. Incluso se remonta a principios del siglo XX, cuando Boveri encontró cromosomas anormales en los cánceres y dijo: "¡Oh, este es probablemente el origen!".

Pero incluso los patólogos dijeron que todo eso eran efectos secundarios posteriores, estos cromosomas. Y había muchos otros artículos en la literatura diciendo que tiene que ser algo mitocondrial, no puede ser genético. Pero, ya sabes, todo el mundo fue barrido con el ADN y los genes.

Y entonces empezaron a dar premios Nobel a personas que encontraban oncogenes y genes supresores de tumores y este tipo de cosas. A todo el mundo le gusta ir con la multitud, los tipos que creen que lo saben todo y todo el campo se ha transformado en esto de perseguir genes.

**Foucher:**

Creo que usted hizo un gran trabajo en su charla de esta semana de ilustrar la diferencia de su enfoque en comparación con la teoría predominante hasta la fecha:

Que es el daño del ADN y el núcleo que está impulsando el cáncer - frente a su explicación metabólica donde todo esto está empezando en la mitocondria. Y que eso está causando más tarde los daños nucleares como resultado.

**Dr. Seyfried:**

Eso es correcto. Lo que hice fue reorganizar a los jugadores en el campo del cáncer y simplemente mostrar que todas las mutaciones genéticas provienen de daños en la respiración. Que producen especies reactivas de oxígeno, que son mutagénicas. Así que, básicamente, ¡las mutaciones son un efecto y no la causa!

Así que todo el asunto, "¿De dónde viene el cáncer?" se vuelve mucho más explicable. Viene de la respiración dañada. Exactamente como dijo

Warburg. El problema es Warburg no sabía acerca de todas las otras maneras que las células pueden obtener energía sin la respiración. Y lo estamos haciendo ahora.

Estamos llenando las partes faltantes de la teoría central de Warburg, encontrando el eslabón perdido. Lo que debería resolver toda la controversia. Una vez que eso suceda, entonces sabremos exactamente de dónde viene el cáncer, cómo viene y cómo podemos tratarlo. Y eso va a ser una gran cosa.

El problema es que, como hemos oído en esta reunión, la generación de ingresos parece ser más importante que la salud del paciente. Si ponemos la generación de ingresos como objetivo principal y la gestión de la enfermedad y la salud del paciente como objetivo secundario, nunca llegaremos a la tierra prometida de reducir el cáncer.

Así que esto es lo que tienen que hacer los médicos. No pueden limitarse a vender medicamentos a la industria farmacéutica, y creo que ya hemos oído hablar de este problema en esta reunión. Pero muchos médicos se permiten convertirse en eso. No es que quieran serlo, pero...

**Foucher:**
...es lo que hace el sistema.

**Dr. Seyfried:**
Es lo que el sistema les obliga a hacer. Y una vez que estás en el sistema... a diferencia de mí. Yo no estoy en el sistema. Así que puedo decir lo que me dé la gana porque no tengo una licencia médica que perder. Pero mis amigos que están en el sistema, si intentan hacer lo que creemos que deberíamos estar haciendo, son reprendidos. O potencialmente podrían perder su licencia por practicar una medicina que no está sancionada por el establecimiento.

Y si vas a curar el cáncer, tienes que dejar de hacer las tonterías que el establishment dice que debes hacer. ¿De acuerdo? Así que toda esta radiación y la quimioterapia y todo este tipo de cosas, usted no necesita hacer mucho de eso. Usted puede manejar estas enfermedades sin toxicidad y rentable.

Pero, ya sabes, ¡el sistema es tan poderoso! Crea... para algunos médicos, simplemente tienen que ignorar la verdad. Simplemente no pueden aceptar la realidad de que los tratamientos que están dando a sus pacientes son contraproducentes para su salud y bienestar. Y simplemente tienes que decir "Lo hago porque el Gran Hermano me dijo que lo hiciera".

Pero luego están los médicos que tienen conciencia moral. Tienen que desgarrarse inmensamente dentro de su alma, sabiendo que lo que están haciendo en realidad es perjudicial. Y saben que lo que están haciendo no es bueno. Y también saben que hay otra manera de tratar a sus pacientes, ¡y no se les permite hacerlo! Tiene que ser terriblemente frustrante para esta pobre gente.

**Foucher:**
¿Cree que hay muchos médicos que lo saben? ¿O cree que hay mucha gente que no ve otra solución?

**Dr. Seyfried:**
Creo que es una combinación de ambas cosas. Pero creo que la mayoría nunca ha oído hablar de lo que estamos diciendo. Cuando entras en la práctica de la medicina, en la práctica de tu arte, tienes tantos pacientes y tienes que hacer tantas cosas que consumen mucho tiempo y estás haciendo todo eso. No tienes tiempo para sentarte y leer la literatura para determinar si lo que estás haciendo es correcto o no.

Sin embargo, se hace aún más difícil porque hay muchos médicos que tienen la oportunidad de hacer algo de investigación básica como parte de su internado o residencia o como demonios quieran llamarlo, siempre me resulta confuso. Pero tienen esa oportunidad.

Y ahí es donde algunos de ellos realmente dicen "¡Hey, esto no está bien!" Pero luego, cuando lo llevan a los de arriba, esos dicen "¡Oh, Warburg estaba equivocado!" Y si haces eso podrías potencialmente perder tu subvención y podrías potencialmente tener un montón de problemas. Así que la gente no quiere hacer eso.

**Foucher:**
Es demasiado controvertido.

**Dr. Seyfried:**
Sí, porque estás en contra de la mayor... La llamada cosa caliente en el cáncer de hoy son las inmunoterapias. Las ves anunciadas en la televisión por la noche, Keytruda, Opdivo.

Ahora incluso tenemos inmunoterapias CAR-T que se anuncian en la televisión. Lo cual es una abominación porque no se ha probado, ¡mata a tanta gente como podría ayudar! ¡Pero la gente no oye eso! Sólo oyen lo que el establishment quiere que oigan. ¡Y eso lo oyeron hoy del Dr. Revins!

Si tienes algo que va en contra del Gran Hermano, entonces no serás escuchado. Así de simple. Entonces, ¿qué se supone que debe saber la persona común? Dicen "¡Mira los avances en los cánceres, tenemos todos estos tratamientos maravillosos!" Hasta que son ellos los que tienen que tomar el tratamiento. Y entonces se preguntan "¿Cómo es que no funcionó como me dijiste? Y he tenido que pagar 400.000 dólares".

**Foucher:**
Y también mostró algunos datos al principio de su charla sobre el aumento de las tasas de mortalidad por cáncer, a pesar de todos esos esfuerzos.

**Dr. Seyfried:**
¡Sí! Y como he dicho, ¿por qué nadie lo sabe? Es de dominio público. La Sociedad Americana del Cáncer publica esta información en su blog todos los años. ¡Pero nadie lo lee! Todos piensan que el cáncer es ... que estamos manejando el cáncer muy bien. ¡Pero luego miras a tu alrededor y ves la verdad!

Y como dije en mi libro: Todo lo que tienes que hacer es leer la página de obituarios en cualquier periódico y te preguntarás "¿Por qué toda esta gente muere de cáncer?" Si tenemos una solución y está funcionando ¿por qué la página de obituarios está llena de gente muriendo de cáncer? ¡No tiene sentido! Es de sentido común que no funcione.

**Y viste las estadísticas de muertes: ¿1.600 personas al día mueren de cáncer? Más de 1.600 personas - ¡y empeora cada año!**

Ahora, si se hace la terapia metabólica de la manera que creemos que debemos hacerla, ¡bajaríamos esa tasa de mortalidad en un 50% en 10 años!

Lo que sería enorme, ¿verdad? ¡Piensen en ello! 50% de vidas salvadas que actualmente se pierden por un malentendido de la naturaleza de la enfermedad. Así que si nos fijamos en ... lo que está impulsando la terapia CAR de células T, estas inmunoterapias, es la teoría de los genes del cáncer.

Así que si la teoría genética del cáncer es errónea (como demostramos en nuestros experimentos de transferencia nuclear, los puse todos juntos) ¡entonces las mismas terapias que nos dicen que funcionarán no van a funcionar! Funcionan para algunas personas, ¿de acuerdo? Sólo por, no sé, tal vez por casualidad o algo así. Pero la mayoría de las personas no responden de la manera que se supone que deben responder. Y a menudo, pueden morir por esto. ¡Puede matarlos!

Ningún médico debe administrar una terapia a un paciente donde hay una remota posibilidad de que esta terapia podría matar al paciente. O dañarlo significativamente. ¡Pero lo hacen!

**Foucher:**
Es un tratamiento contra el cáncer, ¿verdad?

**Dr. Seyfried:**

Sí. ¿Pero por qué? ¿Por qué lo hacen? Porque dicen: "Tenemos que detener las células en crecimiento". Hemos demostrado que las células en crecimiento necesitan dos combustibles, la glucosa y la glutamina. Si se los quitas las células en crecimiento morirán. ¡Es mucho más fácil!

**Foucher:**

¿Puede hablar más sobre eso, sobre la glutamina y sobre llenar algunas de estas lagunas de la investigación de Warburg? ¿Y en qué punto se encuentra usted en este tratamiento metabólico?

**Dr. Seyfried:**

Bueno, todos sabemos que las células cancerosas absorben glucosa. Pero hay algunos tumores que no absorben mucha glucosa y crecen como locos. Así que por lo tanto Warburg debe estar equivocado.

Pero están fermentando una molécula diferente, no están usando azúcar para hacer la fermentación del ácido láctico. Están usando glutamina para hacer la fermentación del ácido succínico. Esta es una fermentación de aminoácidos y es bien conocida. Muchos microorganismos hacen este tipo de cosas. Pero la célula cancerosa vuelve a hacer lo mismo.

Así que, básicamente, no están respirando, no pueden obtener energía de la respiración. Es por eso que viven en ambientes hipóxicos. Pueden vivir sin oxígeno y esto es lo que Warburg demostró. Si le quitas el oxígeno, las células cancerosas sobreviven. Las células normales mueren.

Nadie puede vivir sin oxígeno, ¡pero las células cancerosas sí! Se puede dar cianuro a las células cancerosas. ¡El cianuro mata a la gente! ¡Las células cancerosas son resistentes al cianuro!

**Foucher:**

Van a estar bien.

**Dr. Seyfried:**

¡Sí, claro! Así que cuando pones eso... ¡las células cancerosas pueden vivir en cianuro, de eso estamos hablando! Sabes, nadie puede vivir sin oxígeno, pero las células cancerosas pueden porque no respiran, ¡fermentan! Y el cianuro ataca la respiración, no ataca la fermentación. Entonces, si Warburg está equivocado, ¿cómo es que la célula cancerosa puede vivir en cianuro?

**Foucher:**

¡Interesante!

**Dr. Seyfried:**

La gente ignora todo esto. Porque es demasiado difícil aceptar el hecho de que Warburg tenía razón. Y entonces tienes que volver atrás y decir "Todo lo que estoy haciendo está mal - y puedo demostrarlo porque tenemos todas estas personas muertas. Y si no están muertos, están seriamente dañados por lo que les hice".

Ahora tienen que ser tratados para controlar la diabetes, hay problemas psiquiátricos, desequilibrios hormonales, problemas intestinales y digestivos. Puedes nombrarlo, sigue. Y así sucesivamente.

Así que tenemos una nueva rama de la medicina llamada medicina de "supervivientes de cáncer". "Oh wow, tenemos otro montón de gente que queda en el sistema que podemos seguir tratando con medicamentos antidiabéticos..." y todas las cosas que escuchamos aquí que son todas patrañas.

En fin, todo el rollo... y estoy de acuerdo: Creo que la idea de CrossFit de que hay un lío, está subestimada. ¡Es un gran lío!

**Foucher:**

¡Es un gran lío! Creo que cuanto más aprendes sobre ello, más grande te das cuenta de que es.

**Dr. Seyfried:**

Sí.

**Foucher:**

Así que para la glutamina, ¿es algo que es consistente en todos los tipos de cáncer?

**Dr. Seyfried:**

Creo que sí. Creo que en un grado u otro... no en todos, porque hay algunos (muy pocos) que no utilizan glutamina. Todo depende de la glucosa. Así que si usted toma un cáncer que es completamente dependiente de la glucosa, deberían ser muy poderosamente impactados por las dietas cetogénicas. Una dieta cetogénica y la reducción de azúcar en la sangre demolerá estos tumores.

Pero entonces, la dieta cetogénica no funciona contra los tumores que son fuertemente dependientes de la glutamina. Así que ahí es donde tienes que apuntar a la glutamina. Y si te diriges a la glutamina y la glucosa juntas... ¡no creemos que haya ninguna célula tumoral que pueda sobrevivir en ausencia de estos dos combustibles!

**Foucher:**

¿Cree que esos son los dos únicos combustibles con los que pueden funcionar las células cancerosas?

**Dr. Seyfried:**
Pueden funcionar con otros aminoácidos y pequeños carbohidratos, pero no hay suficiente. Si vas a hacer funcionar un tren tienes que tener una cantidad suficiente de material. Tienes que tener suficiente combustible suficiente. Y si no tienes suficiente combustible... las células lo queman muy rápido y entonces se quedan sin combustible. De nuevo, cuando se quedan sin combustible, ¡mueren!

Así que tienes que tener lo que llamamos "logística": Es el suministro de la célula cancerosa. Así que tiene que haber un suministro suficiente de combustible fermentable para mantener a la bestia en marcha. La glucosa y la glutamina son los dos únicos combustibles que están presentes en cantidades masivas que permitirían esto. Todos los demás combustibles que podrían ser utilizados podrían ser absorbidos en un día o dos.

**Foucher:**
Bueno. No hay suficiente de ellos.

**Dr. Seyfried:**
Sí, la célula cancerosa puede fermentar otros aminoácidos, como el aspartato, cualquiera de estos aminoácidos. Pero algunos de estos aminoácidos, para ser fermentados, también tienes que gastar energía para llevarlos al estado fermentable. Así que para obtener energía estás gastando energía. La glutamina no requiere gasto de energía, es un combustible puro. Al igual que la glucosa.

Así que esos dos son combustibles puros, requieren muy poca otra energía. Te dan más ATP de lo que consumen. Mientras que otras fermentaciones de aminoácidos pueden tomar cantidades iguales para lo que rinden. Y no están presentes en cantidad suficiente, mientras que la glutamina es el aminoácido más abundante en el cuerpo y se puede sintetizar a partir de la glucosa.

Así que si se quita la glucosa, no se puede sintetizar glutamina. Si le quitas la glutamina, no puedes impulsar el tumor. Si quitas las dos, el tumor no puede sobrevivir. Así de simple.

**Foucher:**
¿Y hay ciertos tipos de cáncer que usted conozca que tengan una mayor capacidad para utilizar la glutamina?

**Dr. Seyfried:**
Sí, los hay. Hay algunos cánceres que no aparecen en la PET y nos preguntamos qué estaba pasando. Y están absorbiendo glutamina. Así que muchos de los cánceres del sistema de células inmunes están chupando glutamina a lo grande. Como muchas de las leucemias, mieloides, este tipo de cosas.

**Foucher:**
¿La dieta cetogénica probablemente no funcionaría tan bien, con esos cánceres?

**Dr. Seyfried:**
Funciona. Funciona pero porque reduce la inflamación. Hace un montón de otras cosas que provocan ... pero creo que para acabar con ellos a lo grande, tienes que apuntar a ambas moléculas. Así que hay un jaque mate: No puedes moverte a ese punto, no puedes moverte a este punto - ¡estás muerto!

Así que ... ¿y quién está haciendo eso? Nadie. ¡Somos el único grupo que realmente intentó hacer esto! Lo hicimos en un paciente con cáncer cerebral con buen éxito.

**Foucher:**
¿Puede hablar de eso? ¿Sobre su terapia metabólica y el pulso de prensa?

**Dr. Seyfried:**
Sí. Bueno, el pulso de presión se desarrolló a partir de un concepto de paleobiología. La gente que estudia la historia de la Tierra sabe que en el pasado hubo extinciones masivas de organismos en el planeta. Y luego evolucionaban en un nuevo grupo de organismos.

Así que volvían atrás y se preguntaban "¿Qué fue responsable de estas extinciones masivas de organismos?". Y hubo dos eventos improbables que coincidieron, básicamente algún tipo de estrés, como un cambio climático o algo así, que estaba ejerciendo presión sobre la población.

Algunos individuos de la población estaban muriendo porque no podían manejar el estrés, otros se adaptaban al estrés y sobrevivían, pero en situaciones difíciles. Y entonces, de repente, como una serie de explosiones volcánicas o el impacto de un meteorito, junto con esta "presión" climática, condujo al exterminio completo de todos los organismos.

Así que puedes ver a dónde vamos con esto: Si desarrollamos una terapia que 'presiona' todo el cuerpo, donde las células cancerosas están bajo mayor estrés que las células normales y luego traemos drogas para 'pulsar'... y las drogas pulsantes:

Protegemos todo el cuerpo con cetonas y ponemos a los pacientes en un buen estado fisiológico que mata muchas células tumorales pero no mata las de glutamina.

Y luego pulsamos con otros fármacos que ejercen una presión aún mayor sobre la glucosa y la glutamina, mientras el cuerpo está bajo presión. Esta es la estrategia. Así que es prensa-pulso.

Y lo que ocurre es que los pacientes salen de la terapia más sanos que cuando empezaron. Y a menudo lo que vemos de estos pacientes es: ¡No sólo tienen cáncer, tienen todas estas otras anormalidades! Tienen deficiencias vitamínicas, tienen diabetes, tienen todo tipo de otras cosas. Todo eso desaparece, ¡junto con el tumor!

**Foucher:**
¡Reciben más de lo que esperaban!

**Dr. Seyfried:**
Oh, obtienen mucho más de lo que esperaban. Es increíble. Y no tienen pérdida de pelo ni hemorragias ni vómitos ni todo ese tipo de porquerías. Así que en realidad se puede destruir el tumor gradualmente utilizando la estrategia terapéutica de pulso de prensa. El objetivo es degradar gradualmente el tumor.

De hecho, dado que la glutamina es un metabolito tan potente e importante para nuestro cuerpo, no se puede eliminar la glutamina sin esperar que se produzcan otros efectos tóxicos. Así que lo que hacemos es:

Mientras estamos en el proceso, los golpearemos con la droga de glutamina e inmediatamente les daremos glutamina. O incluso darles glutamina, mientras el fármaco. O incluso antes de darles el fármaco.

**Foucher:**
Ah, interesante.

**Dr. Seyfried:**
Debido a que nuestro sistema inmunológico necesita la glutamina. Así que si mato un carro entero de células tumorales, nuestro sistema inmunológico tiene que venir a recoger los cadáveres. Y si nuestro sistema inmunitario está paralizado y no puede recoger los cadáveres... (aunque el sistema inmunitario no esté muerto, sólo está paralizado por tomar los medicamentos con glutamina) ¡pero el sistema inmunitario necesita glutamina para hacer su trabajo!

Así que no puedes esperar... si matas las células cancerígenas y nadie las recoge, ¡tendrás tumorlysis, tendrás todo tipo de otras infecciones! Tienes que hacerlo estratégicamente. Así que quieres matar a un montón de células y luego quieres traer la misma molécula que acabas de quitar. Devuélvela (porque el sistema inmunitario la necesita), vendrán y recogerán todos los cadáveres, limpiarán el sistema... ¡y volverán a atacar al cáncer!

Así que aunque les devuelvas un poco de glutamina, ya has reducido la población tumoral a la mitad. Eso es bueno. Los tienes bajo presión, así que incluso si tienen su glutamina, no van a ser capaces de crecer muy rápido.

Así que sólo unos pocos de ellos crecerá, pero entonces usted va a golpear el cáncer, el metabolismo de la glutamina de nuevo y *boom*, otro 25-30% de ellos se han ido. ¡Y entonces usted consigue tal vez otro 5% creciendo de nuevo, y lo golpeó de nuevo, *boom* otra gran parte va a morir! Finalmente, ¡las calles cancerosas desaparecen! ¿Verdad? ¡Y es hermoso!

Y cada grado que das, cada posición, los pacientes están cada vez más sanos: ¡Están cada vez más sanos porque sus tumores están desapareciendo - y están cada vez más sanos porque muchas de las otras covariables mejoran!

**Foucher:**
La inflamación, las enfermedades metabólicas en general...

**Dr. Seyfried:**
Sí, ¡todas estas otras enfermedades que tenían también se tratan al mismo tiempo! Así que el paciente sale ganando. Pero no para la medicina tradicional. En primer lugar, no deberíamos envenenar ni irradiar a la gente para que esté sana.

Y luego ponemos a los pacientes en cámaras hiperbáricas de oxígeno que actúa como un sustituto de la radiación. Mata las células tumorales por estrés oxidativo. Y los calentamos, a veces. Podemos calentar el tejido que pone más estrés oxidativo en las células tumorales.

Hay tantas formas nuevas de matar las células tumorales. Se vuelve... puedes marearte pensando en esto porque dices "¡Oh, déjame probar eso! ¿Funciona con esto? Sí, ¡funciona incluso mejor! ¡Vaya!"

**Foucher:**
Tantas combinaciones nuevas.

**Dr. Seyfried:**
Sí. Y creo que si un médico entendiera esto, su filosofía de tratar a los pacientes sería tan emocionante. Sería casi como una competición de CrossFit: Usted podría decir a alguien "¿Sabes lo fácil que podría matar a esas células cancerosas si haces esto, en este régimen, en lugar de eso? Ahora, ¡mira esto!"

¡Esto es súper emocionante!

### ¡Y nadie hace esto porque piense que es una enfermedad genética!

Así que construyen todas estas cosas absurdas que enferman y matan a la gente. Y eso no ayuda a la mayoría de los pacientes.

**Foucher:**
Cuesta mucho dinero.

**Dr. Seyfried:**
Sí, cuesta mucho dinero, es... es increíble. Así que creo que el futuro del cáncer es tan brillante. Pero al mismo tiempo tan oscuro. Y esa es la tragedia. Tenemos que deshacernos de esta tontería. Y CrossFit puede ser una de las maneras de hacerlo. Es increíble decir eso, pero es posible. ¡Podría suceder!

Porque si puede resistir la tormenta que vendrá... y créanme, ya vieron lo poderosas que son las opiniones contrarias. Pero creo que Greg y el poder de la comunidad CrossFit podrían marcar la diferencia. Tendrían que ser parte de la punta de lanza, la punta de la lanza para romper este absurdo en el cáncer que llamamos "estándar de atención".

**Foucher:**
Creo que estamos empezando a verlo. Esta semana es sólo la punta del iceberg de lo que CrossFit está haciendo. Y es similar a... hemos escuchado a Gary Taubes hablar también, sobre el cambio de paradigma en la grasa, la teoría de "calorías dentro calorías fuera". ¡Y él comenzó a escribir sobre eso hace 15 años! Y ahora estamos finalmente en un lugar, donde esas cosas van a cambiar.

**Dr. Seyfried:**
Pero el público en general sigue sin entenderlo.

**Foucher:**
Sí, todavía hay mucha gente que no lo entiende. Pero al menos la comunidad médica está empezando a entenderlo. Y, ya sabe, las recomendaciones nutricionales están cambiando.

**Dr. Seyfried:**
Sí, estoy de acuerdo.

**Foucher:**
El cambio es lento. Mucho más lento de lo que a todos nos gustaría.

**Dr. Seyfried:**
Sí, y creo que hoy hemos oído hablar del sinsentido de las estatinas. Y no lo olvide: No hace mucho, hace sólo un par de años, hubo un tipo (no recuerdo su nombre) que dijo que todo el mundo que llega a los 50 años de edad debe comenzar a tomar estatinas. ¡Tanto si tienen alguna enfermedad como si no!

**Foucher:**
¿Puede hablarnos un poco de su investigación? Sé que en su laboratorio se centra sobre todo en ratones, ¿verdad? Modelos de ratones...

**Dr. Seyfried:**
Sí.

**Foucher:**
...pero sé que usted trabaja con médicos de todo el mundo en diferentes grupos que están aplicando o han aplicado su terapia de pulsos de presión en pacientes.

¿Podría hablarnos de dónde nos encontramos en esa fase? Y luego, ¿quizás sobre algunos de los retos para poder implementar esto a mayor escala con humanos?

**Dr. Seyfried:**
Bueno, creo que donde tenemos menos rigidez ... y sólo estoy diciendo menos, no no. Porque dondequiera que vamos, estamos bloqueados por este absurdo de la norma de atención. Y por lo tanto tenemos que modificarlo.

Podemos hacer modificaciones más fácilmente en algunas otras clínicas que en las llamadas "clínicas occidentalizadas", donde no tienes ningún margen de maniobra. Está escrito en piedra y granito y no se puede cambiar. Al menos, hasta ahora, no podemos cambiarlo.

Pero cuando vamos a otros lugares, podemos modificarlo. Y cuando lo modificamos, introduciendo la terapia metabólica, creo que los resultados son mucho más positivos y mucho más notables.

**Foucher:**
Cuando dice utilizar la terapia metabólica, ¿se refiere a la terapia metabólica sola o en conjunción con otras terapias?

**Dr. Seyfried:**
Hasta ahora no hemos podido utilizar la terapia metabólica sola. En ninguna clínica. Siempre nos hemos visto obligados a utilizar algún tratamiento estándar. Porque a todo el mundo le han lavado el cerebro hasta el punto de pensar que el tratamiento estándar o algún aspecto del tratamiento estándar sigue siendo bueno.

En mi opinión, ¡todo son tonterías! Porque el objetivo del tratamiento estándar es matar las células tumorales. Y si puedes matar células tumorales sin toxicidad, ¿por qué querrías usar algo que tiene toxicidad asociada? Pero no pueden aceptarlo, no lo saben, no lo entienden. No es tan complicado.

Quiero decir, si los legos pueden entenderlo, de manera más concluyente que los profesionales, ¿qué dice eso? Quiero decir... ¿no?

**Foucher:**
Los profesionales a menudo complican demasiado las cosas.

**Dr. Seyfried:**
Bueno, incluso si no lo están complicando demasiado, no pueden. No se les permite. ¿No? Están restringidos en lo que son capaces de hacer.

Y entonces cuando la gente argumenta "¡Oh, esta terapia metabólica no ha sido probada!" Bueno, ha sido probada a nivel de ciencia básica. ¡Incuestionablemente! ¡La ciencia básica dice que esta es la manera de hacerlo! Los sistemas preclínicos dicen que esta es la manera de hacerlo. La única gente que no lo está haciendo es en los sistemas clínicos porque dicen "¡No ha sido vetado por un ensayo clínico!"

Bien, entonces cuando haces un ensayo clínico en una terapia metabólica, es muy difícil conseguir que alguien lo haga. Y si permiten que se haga, tiene que ser algún tipo de cáncer terminal en etapa cuatro cuando el paciente ya ha sido golpeado hasta el infierno por las drogas, por la radiación y la quimioterapia.

Y luego vamos a tomarlos y luego vamos a tratar de reunir a todo su cuerpo, para tratar de recuperarse de todo el daño que ya ha hecho a ella ... oh, y además: ¡Tratando de manejar este cáncer que ahora crece escandalosamente y que fue creado por los mismos estándares de cuidado!

Así que ahora espera que esta terapia metabólica lo corrija todo...

**Foucher:**
Es mucho pedir.

**Dr. Seyfried:**
... una tarea difícil. Pero de hecho puede hacerse en algunos casos. Pero el mayor problema, como he mencionado: No podemos hacer el grupo de control crítico. Eso no está permitido. Es tabú, pero el grupo de control crítico tendría que ser una terapia metabólica sin el estándar de cuidado.

¿Qué pasaría si la terapia metabólica sin tratamiento estándar es superior tanto al tratamiento estándar como a la combinación de terapia metabólica con tratamiento estándar? La terapia metabólica por sí sola supera a la quimioterapia, la radioterapia y la inmunoterapia. Les gana a todos. ¿Verdad? ¿Qué pasaría?

**Foucher:**
Sí, entonces tendríamos un gran problema para nuestra industria actual.

**Dr. Seyfried:**

Sé exactamente lo que va a pasar: ¡Esta gente lo va a hacer muchísimo mejor! ¡Viste a Pablo Kelly! Es sólo uno de muchos. ¡Están rechazando los cuidados estándar y están sobreviviendo!

Ahora, no vas y no haces nada. El tratamiento estándar sigue siendo mejor que comer donas de jalea. Pero si no comes rosquillas y haces terapia metabólica vas a superar el tratamiento estándar. No tengo dudas al respecto, he visto que funciona. Es increíble.

Así que, sólo tenemos que conseguir médicos que entiendan...

Número uno: Entiendan. Y número dos: Se les permita practicar lo que deberían estar haciendo. Y si no lo entienden y no se les permite hacerlo, no lo harán.

**Foucher:**

Correcto. Así que parece que hoy en día la mayor parte de la experiencia con esto es sólo en individuos que dicen "¡No quiero hacer el estándar de cuidado y quiero probar esto en su lugar!". Y no puede ser parte de un estudio de investigación tradicional per se porque no está permitido renunciar a la atención estándar en la investigación.

**Dr. Seyfried:**

Sí. Pero cuando hacemos el tratamiento estándar en cáncer cerebral, vemos que todos los que reciben radiación mueren. Una y otra vez. Todo lo que ves, la gente está recibiendo la atención estándar, el 98% de todas las personas están muertas dentro de los seis años. Esos son datos sólidos. Nadie va a discutir eso porque se ha repetido miles y miles de veces.

Y llega un tipo que decide no hacerlo y vive mucho más de lo que cabría esperar. Todavía dicen "Bueno, no podemos considerarlo en absoluto porque no es parte de un ensayo clínico".

Pero aún te quedan algunas neuronas funcionales. Así que si eres el paciente, puedes decir "¿Qué demonios? ¿Cómo ha podido sobrevivir tanto tiempo? Quiero hacer lo que él está haciendo". ¿Verdad? "¡Quizás funcione! ¿Y qué pasa con este tipo? Hizo lo mismo, ¡le va bien! ¿Y qué hay de ese tipo de ahí?"

Aún así, el establishment va a decir "Bueno, no podemos considerar esos porque no son parte de un ensayo clínico". "¿Y qué? Están vivos y tienen buena calidad de vida. ¡Quiero hacer lo que ellos están haciendo! ¡Me importa una mierda el ensayo clínico!" Ya sabes. ¡Es sólo sentido común!

Y además del cáncer: ¡La gente quiere vivir! Quiero decir, esto no es algo incidental, nadie dice "Bueno, lo pospondré...", ya sabes. No, no. Los enfermos de cáncer van a exigir "¡Quiero hacer lo que hacen esos tíos para seguir vivo!". Y entonces van a su médico y le dicen "¡Eh, no quiero todo ese estándar de cuidados, porque podría perjudicarme!".

Y una de las cosas que no sabemos... No he visto ninguna estadística sobre esto, todavía: De las personas que toman el tratamiento estándar y mueren, no está claro cuántas personas mueren de la enfermedad o de los tratamientos. Eso siempre ha sido un misterio. Porque no lo sabemos.

Los médicos dicen "Fue tratado agresivamente... y luego murió". Bueno, ¿cómo sabemos que fue el cáncer? ¡Porque hay tantas remisiones radicales de cáncer en personas que no toman el tratamiento estándar!

Y Kelly Turner hizo este libro, Radical Remissions. Hubo un montón de cosas que se asociaron con esas remisiones, pero una de las cosas fue cambios radicales en la dieta. Esa fue una de las cosas más comunes en las personas que tuvieron una remisión radical del cáncer. ¡Un cambio radical en la dieta! Oh, ¿eso dice algo?

**Foucher:**
Sí, interesante.

**Dr. Seyfried:**
¿Verdad? Pero como médico en el sistema no se le permite considerar eso. Porque no ha sido investigado. Y esos cruces doble ciego que se requieren para el estándar de cuidado, o para poner una nueva terapia en su lugar, esta configuración está diseñada para mantener el status quo.

Los requisitos están diseñados para sólo permitir que otro medicamento reemplace a un medicamento que ya está allí. No es un sistema completamente diferente. No un paradigma completamente diferente de tratamiento del cáncer.

¡Porque no hay manera de saber si nuestra terapia es el mejor tratamiento cuando esos estudios no se pueden hacer! Nuestro hombre no come durante tres días, está en una cámara hiperbárica, come grasa cuando come.

¡Es completamente imposible hacer esos estudios sin el estándar de cuidado! Sólo tienes que decir basado en la ciencia dura, los estudios preclínicos, los informes de casos que se publican: "¡Deberíamos hacerlo!"

**Foucher:**
¡Hagámoslo!

**Dr. Seyfried:**
Sí, ¡hagámoslo! Y tengamos los grupos de control apropiados. El único grupo que no podemos tener es el "grupo de los que no saben nada". ¿No? No podemos simplemente no tratar a la gente. Así que tenemos

- el estándar de cuidado (para el cual tenemos evidencia masiva)
- terapia metabólica combinada con el estándar de cuidado. Y luego tenemos
- terapia metabólica por sí misma.

Así que ese tipo de estudio controlado resolvería este problema. Eso nos daría los datos que nos dirían qué tratamiento es mejor. Ahora, ¿quién va a pagar por eso?

**Foucher:**
Correcto, ¿quién va a pagar por eso y también, de nuevo, siendo una población vulnerable, las personas que son diagnosticadas con cáncer y, como usted ha dicho, están muy desesperados por probar cualquier cosa que funcione. Eso también plantea algunos retos.

**Dr. Seyfried:**
Sí. Pero cuando miras todas las cosas hasta ahora: ¡Nada ha funcionado!

**Foucher:**
Sí.

**Dr. Seyfried:**
A los pacientes no se les dice eso. Sólo se les dice "Éste es el nuevo fármaco, tenemos algo nuevo. Podría funcionar".

Pero todos los otros cientos de medicamentos no funcionaron. Casi nada de lo que ha salido de la secuenciación del genoma ha funcionado. ¡La evidencia de que el tratamiento que vas a recibir no va a funcionar es abrumadora! ¿No es cierto? Bueno, tenemos todo este otro material en la terapia metabólica que muestra que estas personas pueden hacerlo muy bien. ¿Por qué no querrías tomar eso?

El grupo turco, sólo toman la etapa cuatro de cáncer, los llamados "cánceres terminales" y mantener a estas personas con vida durante mucho, mucho más tiempo - en una mayor calidad de vida. ¡Y con algunas personas tal vez incluso resuelto! No se puede saber, porque acaba de ser reciente, no hemos empezado esto hasta hace poco.

Tienes que esperar 10, 12 años para saberlo. Si la persona está viva y le va bien y no tiene efectos adversos de los tratamientos y le va bien, entonces tienes más y más de estas personas. Los ex-pacientes entrarán en la web y dirán "¡Hey, si haces esto, vas a sobrevivir!"

De repente el paciente va a venir al médico y decir
"Gracias, pero quiero la terapia metabólica."
"Nosotros no hacemos eso."

"¡Qué demonios! Voy a ir a algún sitio donde lo hagan. Voy a ir a CrossFit, ¡allí lo hacen!".

**Foucher:**
Eso es correcto. Y sé que recibes correos electrónicos todo el tiempo de personas que tienen un diagnóstico de cáncer. O tal vez hay personas escuchando que acaban de tener un diagnóstico de cáncer y están escuchando esto y se preguntan "¿A dónde voy desde aquí? ¿Qué debo hacer?"

**Dr. Seyfried:**
Bueno, les envío un kit con información sobre calculadoras del índice glucosa-cetona. Porque una persona... como decía Jason Fung, el poder está en tu mano. Si puedes entrar en cetosis terapéutica, estás en el paso correcto. ¿De acuerdo?

Entonces, una vez que estás allí, puedes pensar en tu siguiente paso. Pero como que tienes al médico para que te mueva al siguiente paso... no puedes meter tu culo en una cámara hiperbárica de oxígeno. Bueno, en realidad eso no es del todo cierto. Hay gente que las alquila para sus casas.

**Foucher:**
¿En serio?

**Dr. Seyfried:**
Entran ahí, lo ajustan y abren el gas, o hacen que alguien de la familia lo abra.

**Foucher:**
¡Vaya!

**Dr. Seyfried:**
Pero te gustaría estar en un entorno profesional para hacer oxígeno hiperbárico. Y el problema es que generalmente no son parte del tratamiento.

Aquí hay otra cosa extraña: Si usted es irradiado para el tratamiento del cáncer y su intestino está todo dañado y su cuerpo está todo dañado, la compañía de seguros pagará para que usted tenga oxígeno hiperbárico para reparar el daño de la radioterapia. Pero no permitirán utilizar la oxigenoterapia hiperbárica para matar el cáncer.

**Foucher:**
Hm. No aprobado todavía.

**Dr. Seyfried:**
¿Aprobado para qué? ¿Para qué? ¿Para qué necesitas una aprobación,
vas a tomar la misma terapia?

**Foucher:**
Correcto, correcto.
Excepto que, si lo haces antes de tomar la radiación, ¡no tienes que
tomar la radiación!

**Foucher:**
La ironía...

**Dr. Seyfried:**
¡Ya lo sé!
Así que los médicos tienen que unirse. Tienen que formar una
organización de médicos que se oponga a este absurdo. No estoy
diciendo que el estándar de atención sea absurdo en todos los casos.
Por supuesto, hay algunas enfermedades en las que la atención
estándar es de hecho la mejor, no hay otra opción.
Pero en el cáncer, y en particular en la diabetes tipo 2 y este tipo de
cosas... bueno, yo digo más bien "gestión de enfermedades crónicas",
aquí es donde las terapias metabólicas tendrán el mayor impacto.
Pero hay que tener en cuenta que... como dije en mi charla, hay un
gorila de 800 libras sentado en la habitación que es básicamente la
Gran Farmacia, ¡y el gobierno federal de EE.UU. que duerme en la cama
con el gorila!
Y eso es un gran obstáculo para moverse. Porque la tormenta de
fuego que vuelve, a decir ... los han llamado "mercaderes de la duda".
Hay un libro Merchants of Doubt, los tipos que afirman que este
cambio climático no existe y todo este tipo de cosas.... o el tabaco no
te hace daño, ya sabes.
Encuentran un estudio donde se demuestra que este tipo que fumaba
tabaco nunca se hizo daño o lo que sea... y eso crea dudas en la gente
para decir "Bueno, quizás no tengan toda la razón". Así que esas
personas vendrán y mostrarán a un tipo que hace terapia metabólica y
no responde - donde miles de otros sí lo hicieron.
El público en general va a decir "Bueno, tal vez la mayoría de la gente
no responda a ese tratamiento". Y esto va a ser un debilitamiento
planificado del mensaje.

**Porque hay organizaciones que tienen mucho que perder si esto
cambia ahora.**

Pero, ya sabes, como he dicho: La conclusión es que la gente quiere
vivir, quieren ser tratados sin toxicidad. Te puedo decir ahora, en el

cáncer: Si tienes cáncer, ¡no sé si temen más a la enfermedad que al tratamiento! Porque se sienten como "¡Voy a tener que perder mis pechos, se me va a caer el pelo! ¡Mi cara!"

Es decir, para las personas que se interesan por su aspecto personal, ¡esto es devastador!

**Foucher:**
Sí, y no digamos cómo te sientes. Te sientes débil todo el tiempo.

**Dr. Seyfried:**
Sí, estás enfermo todo el tiempo. Fatiga, náuseas. Se te cae el pelo, te van a extirpar los pechos, te van a cortar el colon. Quiero decir, esto es como... ¡dame un respiro!

"Tengo que tomar Imodium el resto de mi vida, tengo que llevar una bolsa de colostomía. ¡Voy a perder mi brazo! ¡Mi vida entera cambiará!"

**Foucher:**
No es una buena situación.

**Dr. Seyfried:**
¡No! ¡Es devastador! Completamente devastador. Puse mucho de eso en mi libro en el primer capítulo. Sobre lo que significa tener cáncer y todas estas imágenes diferentes. Puedes verlo como un trastorno genético y ver un montón de mutaciones genéticas, y nadie se asusta viendo un montón de pequeñas manchas o gráficos, ¿verdad?

Pero cuando ves a una mujer con una mastectomía, sin pelo y todo ese tipo de cosas, empiezas a ver el impacto real de lo que está pasando.

**Foucher:**
Sí, y lo que hace a su familia y su situación financiera y todas esas otras cosas.

**Dr. Seyfried:**
Sí, eso es terrible. Y con el nuevo empuje de las inmunoterapias... es curioso que las que mejor funcionan, las personas que mejor responden son las que tienen la fiebre más alta. Esto se ha demostrado en varias ocasiones.

Y William Coley lo hizo hace muchos años cuando dio bacterias vivas a sus pacientes con cáncer. Tenían estafilococos y estreptococos y, por supuesto, que va a causar una respuesta que se obtiene de la sepsis: Su cuerpo entra en una masiva fiebre alta, 103, 104 tal vez incluso más. Justo en el precipicio de la muerte.

Pero si puedes sobrevivir a la fiebre tu cáncer es completamente destruido. Y él fue capaz de curar a muchas personas con cáncer avanzado, con sólo elevar la temperatura del cuerpo con una infección bacteriana. Luego cambiaron las bacterias vivas por bacterias muertas y se las dieron a los pacientes.

Y por supuesto su cuerpo respondía como si la bacteria estuviera viva y tenían la fiebre alta y funcionaba igual de bien. Pero se deshicieron de eso porque el 5% de las personas tuvieron fiebres que no pudieron controlar y murieron.

Pero es interesante que las inmunoterapias que se dan hoy en día por 350.000 dólares, les va mejor si tienen fiebre alta. ¡Y los pacientes a los que no les va tan bien no tienen la fiebre alta! Entonces, ¿qué es este "nuevo tratamiento" después de todo? ¡Es una vacuna Coley de nuevo!

**Foucher:**
Muy interesante, ¡vaya!

**Dr. Seyfried:**
¡Jaja! ¡Y Coley no cobró nada por su vacuna!

**Foucher:**
Bacterias gratis.

**Dr. Seyfried:**
Sí.

**Foucher:**
Bien, tal vez empecemos a terminar, pero ¿podría darnos una visión general de este campo de investigación? Las cosas en las que está trabajando, ¿hay quizás otros investigadores con ideas afines o personas que estén trabajando también en esta terapia metabólica? ¿Dónde estamos en este país y en todo el mundo? ¿A dónde tenemos que ir ahora?

**Dr. Seyfried:**
Bueno, creo que lo más importante es:

Hay que convencer a la gente de que se trata de una enfermedad metabólica. Es una enfermedad metabólica mitocondrial. ¿De acuerdo? Así que eso cambia todo el terreno, todo el campo de juego, y cómo vas a tratar la enfermedad. Porque si es una enfermedad metabólica, ¿por qué irradias a la gente? Dicen: "¡Porque tengo que detener el crecimiento del tumor!". Pero si podemos detenerlo eliminando los combustibles, entonces no necesitamos hacerlo.

Ahora, por supuesto, estás reetiquetando lo que es la enfermedad. Y al reetiquetar y proporcionar la evidencia de que se trata de una enfermedad diferente de lo que pensábamos... y que las mutaciones genéticas son realmente pistas falsas, ¡son epifenómenos! Tienen muy poca relación con lo que sucede.

Bueno, esa es otra píldora difícil de tragar. Después de gastar cientos de millones de dólares en el proyecto del genoma del cáncer (mejor tirarlo todo por el retrete). Sólo para enfatizar aún lo malo que es:

Durante la administración de Obama tuvieron lo que llamaron el "moonshot", 100 millones de dólares donados a la investigación del cáncer... ¿recuerdan el moonshot? Joe Biden iba a hacerse cargo de esto, no sé si todavía lo está haciendo. Pero el "moonshot" era... todo en inmunoterapias. ¿Verdad?

Así que le dije a la gente "¡Tomen el dinero, pónganlo en una cápsula de cohete y envíenlo a la luna! ¡No va a ayudar a nadie en este planeta!" Lo absurdo es que seguimos tirando el dinero en un problema, para una enfermedad que nunca hemos tenido.

No es una enfermedad genética. Así que simplemente perpetuamos, las 1.600 personas siguen subiendo y subiendo y subiendo porque la estamos tratando como si fuera genética... no es una enfermedad genética.

El cambio de paradigma tiene que ser:
1.    No es una enfermedad genética
2.    Es una enfermedad metabólica mitocondrial
3.    Los tratamientos que se utilicen pueden ser totalmente diferentes a los que estamos utilizando en la actualidad

Y si la gente quiere vivir...

El otro problema es que hemos separado el cáncer en varias tribus diferentes: La tribu del cáncer de mama es diferente de la tribu del cáncer de pulmón, cáncer de cerebro, cáncer de colon, todos los diferentes tipos de cáncer. Todos piensan que cada uno tiene una enfermedad genética diferente. ¡Es todo lo mismo!

Una vez que las tribus se reúnan y se unan y marchen sobre Washington... al igual que la Marcha del Millón de Hombres y la Marcha de las Mujeres y este tipo de marchas, tenemos que conseguir la Marcha contra el Cáncer. Créeme, sucederá muy rápido. Sucederá muy rápido.

Tienes todos estos políticos que están todos comprados por la industria farmacéutica. Van a tener que decir "¡Oye, escucha, van a quemar mi casa si no hago algo rápido!"

**Foucher:**
Correcto. Y todo el mundo tiene a alguien en su vida que se ha visto afectado por ello.

**Dr. Seyfried:**

Sí, bueno, creo que lo que hace es: Consigues una indignación por parte de los supervivientes. O las personas que incluso tienen la enfermedad. Hay una indignación, una ira que es insaciable.

Porque si miras a tus seres queridos que han fallecido y sufrido tan horriblemente como ellos y luego te das cuenta de que nunca necesitaron hacerlo en primer lugar y estás sentado pensando "¿Qué demonios ha pasado aquí?". ¡Tiene que haber algo de indignación! Y la indignación va a motivar a la población a hacer algo.

Pero si la población es cómplice de sufrir y ser tratada por una enfermedad que no tiene, entonces no hay nada que nadie pueda hacer al respecto. Entonces sólo estamos diciendo "Vale, como sea". Como un rebaño de ovejas: "Lo aceptaremos, tendremos que endurecernos, ser envenenados, irradiados". ¡Aunque sabemos que no tenemos ese tipo de enfermedad!

Tenemos una epidemia de cáncer en todo el mundo, perpetuada por un malentendido de cuál es la naturaleza de la enfermedad. Y se ha construido una infraestructura de dominio financiero masivo para mantener el status quo de esa enfermedad. Y la gente está siendo alimentada con desinformación en la televisión, todo este tipo de cosas.

Así que es un gran problema. Es realmente grande y si CrossFit puede hacer mella en esto, me quito el sombrero ante ellos.

**Foucher:**

Bueno, ¡gracias! Sólo iba a decir gracias por arrojar luz sobre esto y por escribir su libro y por hacer la debida diligencia para llevar esta información a más personas. Es por eso que CrossFit puede utilizar su plataforma para tratar de difundirlo a más personas. Y ayudar a difundir la información.

**Dr. Seyfried:**

Creo que el CrossFit se está transformando en algo diferente de lo que podría haber sido al principio. Al principio sólo servía para mantener a la gente en forma.

Ahora parece estar atacando el corazón mismo de las enfermedades crónicas. Con una filosofía que va no sólo para la dieta o para el ejercicio ... pero ahora, incluso se está ramificando en el reconocimiento de enfoques alternativos que incluso podría ser mejor. Y por lo tanto, podrían ser una gran voz y llegar a mucha más gente que un artículo escrito en Science o Nature o Cell, que sólo un puñado de personas en el planeta pueden leer realmente.

**Foucher:**

¡Correcto! Y estamos viendo esto una y otra vez, hemos hablado de ello esta semana, las soluciones que vienen de abajo hacia arriba en lugar de arriba hacia abajo y de los pacientes y las personas que traen esas soluciones y tomar su salud en sus propias manos. Es un momento apasionante.

**Dr. Seyfried:**

¡Creo que sí! Hay luz al final del túnel.

**Foucher:**

Definitivamente. Muy bien, quiero terminar con tres preguntas rápidas que hago a todos en el podcast. La primera es: ¿Tres cosas que haga regularmente y que tengan el mayor impacto positivo en su salud?

**Dr. Seyfried:**

Bien. Me salto el desayuno probablemente cuatro días a la semana.

**Foucher:**

De acuerdo. ¿Normalmente entre semana, o...?

**Dr. Seyfried:**

Entre semana, sí. Hago eso y luego entreno 4 o 5 veces a la semana en el gimnasio.(...)

Así que si intenta ayunar, ayune todo lo que pueda. Si puedes ayunar 18 horas, 4 días a la semana, está bien. Y luego lo que suelo hacer es comer un puñado de frutos secos, como nueces, almendras, pacanas y tal vez un anacardo o algo así - y luego no como hasta la cena.

Pero luego como carbohidratos... lo que probablemente no debería hacer. Pero te digo, ¡está tan bueno!

**Foucher:**

Sí, ¡es tan delicioso!

**Dr. Seyfried:**

¡Son tan deliciosos! Sabe, arroz, yo como arroz. Como patatas. Pero estamos tratando de reducirlo más. Mi esposa es más rígida al respecto que yo. Pero, quiero decir, bebo cerveza. Bebo vino, bebo whisky. No es como...

**Foucher:**

Usted disfruta de su vida.

**Dr. Seyfried:**

Sí. Es decir, intentas mantenerlo con moderación lo mejor que puedes. Pero también haces ejercicio y ayunas como parte de la rutina. Así que si alguna vez tuviera cáncer, haría una terapia metabólica mucho más agresiva que la actual.

Siempre hay algunos fanáticos que quieren abolir todo tipo de factor de riesgo en su vida. No comen nada que no produzca cetonas. O insisten en hacer ejercicio todo el tiempo. Pero yo no soy ese tipo de persona. No hago esas cosas. Voy a un bar y bebo cerveza. Pero no todo el tiempo.

**Foucher:**

Me gusta ese planteamiento. Sopesas los riesgos y los beneficios, te fijas en tu situación actual y en lo que tiene más sentido para ti y tu estilo de vida. Y es cierto, lo que es adecuado para usted puede ser muy diferente de lo que es adecuado para otra persona o para alguien que tiene cáncer.

**Dr. Seyfried:**

Tienes razón y si yo tuviera cáncer sería más rígido en mantener mi control metabólico. Ahora no lo hago, pero... Quiero decir, hago lo suficiente. Lo hago, pero no en la medida en que lo haría si tratara de matar células tumorales.

Pero sí, debería hacerlo más. Sé qué hacer si tuviera que hacerlo, digámoslo así.

**Foucher:**

Estás informado.

**Dr. Seyfried:**

¡Sé dónde están los salvavidas!

**Foucher:**

¡Eso es! Bueno, eso quizá responda a mi siguiente pregunta. La siguiente es: ¿Qué es lo que cree que tendría un gran impacto en su salud pero le cuesta ponerlo en práctica?

**Dr. Seyfried:**

Bueno, creo que deshacerse de todos los carbohidratos. No todos, pero diría que los carbohidratos con almidón. Y... no es fácil. Vives en un mundo de tentaciones. Sales a cenar con gente, ponen pan en la mesa. No puedes coger al camarero y pegarle en la cabeza y decirle "¡No quiero el pan!". Siempre hay alguien en la mesa que quiere el pan.

**Foucher:**

Estamos constantemente rodeados de ella. Eso es duro.

**Dr. Seyfried:**

¡Sí, es duro! Haces lo que puedes. Pero sabes lo que tienes que hacer si estás informado, al menos tienes la base de conocimientos para decir "¡Si hago esto, voy a estar mejor!". Sin información no sabes qué hacer y te expones a más riesgos.

**Foucher:**

Correcto. La peor situación es ver o hablar con pacientes que todavía no entienden cuál sería una forma saludable de comer para ellos o una forma de curar su diabetes si quisieran. Al menos, si se presenta esa información a las personas, pueden tomar una decisión con conocimiento de causa.

**Dr. Seyfried:**

Absolutamente, absolutamente.

**Foucher:**

La última pregunta es: ¿Qué es para usted una vida sana?

**Dr. Seyfried:**

Bueno, no puedo decir que lo que hago sea lo más saludable. Pero puedo decir que no es lo peor. No como pizza todos los días. De hecho, después de oír lo de la pizza en esa charla, dije "¡Maldita sea!". Me encanta la pizza, ¿sabes? ¿A quién no le gusta la pizza? (...)

A todo el mundo le gusta la pizza, ¿verdad? Pero comer un trozo de pizza ahora te pone en riesgo de... ¿tardas dos semanas en deshacerte del daño que hace una pizza?

**Foucher:**

Correcto, eso es lo que aprendimos esta mañana. Eso cambia un poco toda esa mentalidad de "noche de trampa", te hace pensar un poco más en ello.

**Dr. Seyfried:**

Hay una cierta cosa... a través de ser feliz con tu vida y no exagerar ciertas cosas. Pero los humanos somos una especie adictiva. Nos excedemos en muchas cosas, nos excedemos en lo que debemos hacer.

**Foucher:**

Especialmente los humanos CrossFit. Tenemos tendencia a excedernos.

**Dr. Seyfried:**

¡Sí! ¡Quiero decir que ustedes están locos con estas cosas! Pero funciona, ¿verdad? Pero la llamada "persona completamente moderada" es una persona rara de encontrar, ya sabe. Como mi mujer, en cierto modo. Ella toma dos vinos cada noche. Nunca uno, nunca tres. Siempre dos.

**Foucher:**

Ella es consistente.

**Dr. Seyfried:**

Consistente en este comportamiento moderado. Donde podría tomar tres vinos o ningún vino.

**Foucher:**

Correcto. La media sigue siendo la misma.

**Dr. Seyfried:**

Sí, pero viene en ráfagas en lugar de... intentas hacerlo lo mejor que puedes. Y ser consciente de esto y eso es más o menos todo. Así que vamos a seguir arando hacia adelante, averiguar cuánto tiempo podemos sobrevivir en el planeta.(...)

Sabes, si estás sano y comprometido, entonces la vida no es mala. Pero si estás deprimido y miserable y con dolor y... Sabes, mucha gente se suicida. No pueden manejarlo. No pueden manejar la vida por la razón que sea.

En gran parte se trata de desequilibrios metabólicos. Su visión del mundo es tan sombría y mórbida, ¡y no debería ser así! Si estás en homeostasis metabólica no hay razón para tener esos sentimientos de que necesitas suicidarte.

Eso es muy importante. Hay mucha gente que se suicida. Y puedes ver el trastorno de estrés postraumático y todo este tipo de cosas, todo eso te impacta. Podemos entender eso, pero también jodido su metabolismo algo feroz.

Estás en la dieta equivocada, estás en el estilo de vida equivocado, tu ciclo de sueño, todo está jodido. La vida no es divertida. Todos pasamos por tragedias. Tienes muertes en la familia, accidentes, ya sabes. Tienes todo tipo de cosas, pérdida de trabajo, disolución del matrimonio, tienes todo este tipo de cosas.

Pero si estás metabólicamente equilibrado, muchas veces puedes manejarlo. Podemos hacerlo. Es la gente que está completamente fuera de equilibrio metabólico que esto se convierte en demasiado aplastante para ellos y simplemente no pueden manejarlo.

Así que mantener el equilibrio metabólico puede permitirte sobrevivir a la vida.

94

**Foucher:**
Es tan cierto. (...)
No tienes que caer tanto si estás en la mejor condición física y bioquímica.

**Dr. Seyfried:**
Sí. Y sigue siendo difícil. Quiero decir, si tienes hijos y uno de tus hijos enferma, todo cambia en tu vida. Te sales de tus horarios y todo tipo de cosas.

Pero la otra cosa, también, una última cosa es:

**Para hacer el tipo de investigación que hacemos, no es fácil conseguir financiación para esto. Y queremos agradecer a CrossFit por su apoyo a este trabajo y a la fundación de Travis Christofferson.**

**Así que las personas que quieran hacer contribuciones a este tipo de trabajo, pueden apoyar la fundación de Travis. Se llama la Fundación para las Terapias Metabólicas del Cáncer.**

Antes se llamaba Causa Única, Cura Única. Porque de ahí es de donde viene el apoyo. Debido a que el NIH, que están todos encerrados en la teoría de los genes por lo que la mayor parte de ese dinero va a la caza de mutaciones. No todo, pero mucho.
Pero en cualquier caso ese es el camino que seguimos.

**Foucher:**
¡Absolutamente! Lo enlazaremos para que la gente pueda encontrar ese enlace si está interesada en contribuir.

**Dr. Seyfried:**
Sí, gracias. Muchas gracias.

**Dr. Seyfried:**
¡Muchas gracias por acompañarme y gracias por todo el trabajo que hace!

**Foucher:**
Gracias Julie, fue muy agradable. Espero que funcione y que podamos ayudar a alguien.

# Capítulo 4

## El origen (y el futuro) de la Dieta Ketogénica

**En el jardín delantero, una inocente mañana de primavera de 1993, Jim Abrahams,** productor de cine de Hollywood, empujaba rítmicamente a su hijo Charlie en un columpio. Detrás de él se oían los ruidos de su esposa Nancy y los dos hermanos de Charlie mientras preparaban la casa para una celebración: era el primer cumpleaños de Charlie.

Nadie estaba preparado para lo que vino después. Ocurrió en un momento. De repente, la cabeza de Charlie se inclinó hacia un lado y, de la nada, su brazo se elevó en el aire, como poseído por una fuerza invisible. En el fondo, Abrahams sabía que algo iba muy mal. Un momento antes su hijo estaba sano, y ahora, un fugaz instante después, ya no lo estaba.

Una serie de pruebas neurológicas demostraron que sus instintos eran correctos. "Su hijo tiene epilepsia", le dijo el neurólogo. Luego pasó a explicarle que la epilepsia, aunque es un diagnóstico único, en realidad consiste en un amplio espectro de la enfermedad; de leve a grave, y dentro del espectro las crisis que definen la enfermedad son tan diversas como una caja de lápices de colores. Las crisis parciales, generalizadas y de ausencia constituyen los tres grupos principales.

Éstas se dividen a su vez en convulsiones tónicas, clónicas, tónico-clónicas, mioclónicas y atónicas. Cada categoría describe una trayectoria coreografiada de contracciones musculares involuntarias que giran hacia fuera desde el caos neurológico que se desenreda dentro del cerebro.

**Con el paso del tiempo,** trágicamente, el caso de Charlie se acercó más al extremo grave del espectro, y no era sólo la naturaleza de las convulsiones, era la frecuencia: tenía hasta cien convulsiones al día. Era desgarrador verlo. Una y otra vez se apoderaban del cerebro del niño mientras intentaba jugar. Mientras apilaba un bloque o tocaba la bocina, hacía una pausa y se desplomaba, a veces sin moverse y otras con una o dos extremidades temblando sin control. Y entonces se acababa, y la vida se reanudaba más o menos donde se había quedado.

Era una vida vivida a intervalos. Un día no era el continuo sin fisuras que la mayoría de nosotros damos por sentado, sino que estaba cortado en pequeñas porciones. "Era un destino peor que la muerte", dice Abrahams. "La casa se llenó de lágrimas, todos nosotros, todo el tiempo, llorábamos".

A Charlie le administraban una medicación tras otra, un proceso que parecía azaroso y experimental. Las probabilidades ya estaban en su contra. Si un niño epiléptico no toma el primer fármaco, la probabilidad de que el siguiente funcione se reduce al 10-15%. No obstante, se aumentaron las dosis y se combinaron los fármacos: nuevo con viejo, viejo con nuevo, pero nada parecía mitigar los ataques. Peor aún, los Abrahams observaban impotentes cómo los fármacos cambiaban a su hijo en los pocos buenos momentos que le dejaban. "Le echas los fármacos por la garganta a tu hijo a pesar de que hay algo dentro de ti que te dice: 'espera un momento, esto no puede estar bien'", dijo Abrahams.

"Mi hijo estaba tan cargado que a veces sólo vivía en el asiento de su coche.... era esencialmente no funcional".

Los médicos explicaron con delicadeza a los Abrahams que la enfermedad de Charlie tenía consecuencias adicionales. La gravedad y la frecuencia, a esa edad, afectarían al desarrollo de su cerebro; si no se controlaba, provocaría un retraso progresivo. Era una carrera contrarreloj. Desesperados, los Abrahams hicieron todo lo que pudieron. El médico al que acudieron en la UCLA, el Dr. Donald Shields, era un experto en epilepsia infantil reconocido en todo el país. No se detuvieron ahí. Buscaron una segunda, tercera, cuarta y quinta opinión. Pero no les ofrecieron nada nuevo, cada opinión de los médicos no era más que una reiteración de la anterior: seguir con los fármacos. Pero los medicamentos simplemente no funcionaban.

Los médicos no parecían compartir el sentido de urgencia de los Abrahams. Cada día era importante; Charlie estaba cayendo lentamente en un abismo. Los médicos acabaron capitulando y recurrieron a la opción que tenían reservada: la cirugía. Pero el atisbo de esperanza que ofrecía la cirugía se desvaneció una vez que Charlie se recuperó y continuó el implacable asalto de convulsiones. Sin más remedio, al final del camino, los Abrahams acudieron a un curandero. Pero nada.

Para los Abrahamses, si se asomaba algún tipo de resignación, sólo servía para avivar el fuego. No hay mayor arranque instintivo que el de unos padres protectores. "Después de miles de ataques epilépticos, un número increíble de fármacos, docenas de extracciones de sangre, ocho hospitalizaciones, una montaña de electroencefalogramas, resonancias magnéticas, tomografías computarizadas y tomografías por emisión de positrones, una cirugía cerebral infructuosa, cinco neurólogos pediátricos en tres ciudades, dos homeópatas, un curandero e innumerables oraciones, los ataques continuaban sin control...". Pero rendirse nunca fue una opción.

Y así Jim Abrahams comenzó su propia investigación. Comenzó a hojear libros y a asistir a conferencias médicas. Fue una educación enrollada en una misión frenética. Entonces, un día, en el último estante de la biblioteca médica, cogió un libro publicado ese año por el Dr. John Freeman, titulado Seizures and Epilepsy in Childhood: Guía para padres. El libro estaba dirigido a los padres para ayudarles a sobrellevar la situación. Pero en su interior había tres páginas sobre un protocolo dietético utilizado para tratar la epilepsia. El Dr. Freeman había intentado escribir un libro centrado únicamente en la dieta, pero no encontró editor, así que las coló en este libro casi como una ocurrencia tardía.

**En sus pocas páginas se afirmaba** que la dieta era capaz de ayudar al menos a la mitad de los que la mantenían. El primer impulso que recorrió la mente de Abrahams fue el desconcierto. Si tenía alguna legitimidad, ¿por qué ninguno de los cinco médicos había mencionado ya esta opción de tratamiento? "No podía dar el salto entre todos estos médicos diciendo una cosa y este otro tipo diciendo otra", confesó más tarde. Confuso y desesperado, sólo le quedaban dos opciones: la extraña dieta y un herbolario del que le habían hablado en un centro comercial de Houston, Texas.

En la siguiente cita, cuando le preguntó al Dr. Shields cuál de las dos opciones debía seguir, Shields le dijo: "Lanza una moneda, probablemente ninguna funcione". Y así lo hizo, él y su esposa Nancy lanzaron literalmente una moneda al aire: cara el herbolario, cruz la extraña dieta. Salió cara. La familia viajó a Houston y conoció al herbolario. Siguieron su consejo, compraron una bolsa llena de hierbas y volvieron a casa. Tras unas semanas mezclando infusiones, se hizo evidente que los brebajes de olor extraño no tenían ningún efecto sobre las convulsiones de Charlie.

**Era el final del camino.** Los mejores médicos del mundo, los mejores medicamentos del mundo, la cirugía, los homeópatas, los curanderos, los herbolarios, todo le había fallado a Charlie. Charlie y su familia estaban acorralados. Sólo quedaba una opción. Así que, con sólo un hilo de esperanza; desesperados, desinflados y exhaustos, los Abrahams embarcaron en un avión a Baltimore Maryland para ver a John Freeman sobre el peculiar y oscuro tratamiento llamado dieta ketogénica.

Curiosamente, mientras volaban hacia la costa este, en algún punto de la parte alta del Medio Oeste, tal vez sobre el valle del Ohio, si los Abrahams hubieran podido atisbar ochenta años en el pasado, habrían mirado hacia abajo y visto un tren que se dirigía en dirección contraria a Battle Creek Michigan. A bordo iban exactamente los mismos que ellos: una familia desesperada con su hijo epiléptico, al límite de sus fuerzas, viajando hacia la única opción que les quedaba: un largo viaje.

Mark Twain dijo que "la historia no se repite, pero rima". Y las historias de estas familias rimaban en cada frase y verso. Pero en un contexto más amplio, cada historia, asombrosa por sí misma, sólo sirve de marcador: es lo que ocurrió en el ínterin, los ochenta años que hay entre medias, lo que revela volúmenes. Desde un punto de vista crítico, es una lección de vital importancia sobre la infalibilidad y la trayectoria ondulante de la ciencia médica, y un crudo recordatorio de que los conocimientos valiosos, incluso en la era moderna, pueden perderse.

————————

**La historia de ambas familias converge en un solo hombre: Bernard Macfadden.** Aunque hoy casi olvidado, a principios del siglo XX casi todo el mundo conocía su nombre. Macfadden era un auténtico icono estadounidense. Su ascenso a la fama también fue exclusivamente estadounidense: empezó sin nada. De hecho, con menos que nada. Se lanzó al mundo con todo en su contra. Sus primeros años estuvieron llenos de dolor y abandono. Su padre le pegaba a él y a su familia antes de matarse bebiendo cuando Macfadden tenía cinco años.

Cuando Macfadden tenía siete años, su madre lo envió al internado más barato que pudo encontrar porque se estaba muriendo de tuberculosis en fase terminal y ya no podía cuidar de él. Macfadden escapó entonces de lo que él llamaba la "escuela del hambre" y cayó en una serie de servidumbres para parientes lejanos y granjeros, trabajando cien horas semanales y cobrando sólo en alojamiento y comida.

Pero, como todos los iconos estadounidenses, Macfadden luchó, arañando y arañando para conseguir un lugar mejor en el mundo. A los quince años entró por casualidad en un gimnasio recién inaugurado en St. Le bastó con echar un vistazo al umbral. Dentro había hombres gruñendo y sudando mientras levantaban mancuernas y hacían ejercicios de calistenia; las paredes estaban cubiertas de carteles de hombres musculosos. Con la boca abierta y los ojos muy abiertos, Macfadden se sintió al mismo tiempo cautivado e infectado. Allí mismo hizo un juramento: "Voy a parecerme a ellos, voy a ser como ellos".

Con el tiempo, Macfadden convirtió su juramento en un imperio. Reconociendo una oportunidad, fundó una revista llamada Physical Culture. Lo que comenzó como una empresa modesta pronto se disparó hacia el cielo con un crecimiento deslumbrante. Era un mensaje nuevo y fresco para los estadounidenses. En sus páginas hacía proselitismo de la salud, la vitalidad y el disfrute desinhibido del cuerpo humano. Abogaba por el ejercicio, una alimentación sana y evitar el tabaco, el exceso de alcohol y el pan blanco (una sustancia que Macfadden llamaba el "bastón de la muerte").

Alentaba a tomar el sol desnudo, caminar descalzo y advertía de los males de la mojigatería: el cuerpo, afirmaba Macfadden, era para disfrutarlo sin restricciones. Por primera vez se decía a los estadounidenses que el sexo era bueno y que no había que avergonzarse de él. Sus revistas eran provocativas (las primeras en utilizar modelos con poca ropa), atractivas y les decían a los estadounidenses que había una nueva y mejor manera de vivir. Se había convertido en el primer gurú de la salud de Estados Unidos, forjando una nueva cultura y vendiendo un estilo de vida. Fue el impulsor del auge del culturismo. Eligió a dedo a un desconocido modelo de Brooklyn llamado Charles Atlas y le dio el título de "hombre más perfecto del mundo", y luego fue el artífice de una trayectoria profesional que llevó a Atlas a la fama y la fortuna.

El apetito de los estadounidenses por el nuevo estilo de vida de Macfadden era insaciable. A mediados de 1900, Macfadden vendía 110.000 ejemplares mensuales de Physical Culture. Su rápido éxito vino acompañado de una nueva arrogancia. Según Macfadden, la popularísima revista no sólo abría el camino a la salud y la vitalidad, sino que ahora revelaba sus secretos para curar enfermedades, cualquier enfermedad. Su creencia era sincera, y consistía en un estilo de vida prescriptivo que, según él, sacaría a cualquiera de la agonía de la enfermedad.

La receta consistía en los principios que había estado predicando durante la mayor parte de su vida: ejercicio, luz solar, evitar el alcohol, el tabaco y la dieta. Pero lo más importante, el ingrediente imprescindible para sacar a la gente del reino fantasmal de los enfermos y devolverles la vitalidad, era algo que Macfadden consideraba que tenía propiedades curativas casi mágicas: el ayuno.

La creencia de Macfadden en el ayuno, aunque quizá muy olvidada, no era nueva. Sus poderes reconstituyentes se remontan a la antigüedad. El médico griego Hipócrates hizo referencia a las propiedades curativas del ayuno: "Todo el mundo lleva un médico dentro; sólo tenemos que ayudarle en su trabajo". La fuerza curativa natural dentro de cada uno de nosotros es la mayor fuerza para curarse. ...comer cuando estás enfermo, es alimentar tu enfermedad".

Por increíble que parezca, las virtudes del ayuno, o del consumo excesivo en general, se remontan incluso más atrás, hasta el año 3800 a. C.. Una inscripción encontrada en una pirámide egipcia decía: "Los humanos viven con una cuarta parte de lo que comen; de las otras tres cuartas partes vive su médico". (Una cita simplista que podría describir fácilmente la relación entre alimentación y medicina hoy en día). Otros personajes famosos han preconizado el ayuno a lo largo de la historia, como Ben Franklin: "La mejor de todas las medicinas es descansar y ayunar". Mark Twain escribió: "Un poco de inanición puede realmente hacer más por el enfermo medio que las mejores medicinas y los mejores médicos".

Macfadden adoptó esta práctica ancestral que, extrañamente, había entrado y salido de escena a lo largo de miles de años de historia. Tal vez la naturaleza contraintuitiva de que los enfermos no comieran sirvió para hacerla caer en el olvido una y otra vez. Rara vez una abuela, un padre o un médico en su sano juicio sugerirían a un enfermo que dejara de comer: va en contra de todo instinto.

Aunque Macfadden descubrió la saludable práctica del ayuno, su fe en sus poderes se vio reforzada por la observación personal y el ensayo. Mientras trabajaba en una granja, había observado que cuando un animal enfermaba dejaba de comer. Años más tarde, una primavera, sintió en el pecho los primeros síntomas de una neumonía. Recordó la lección de los animales de granja y se limitó a comer un par de piezas de fruta al día. Al segundo día notó que el pecho empezaba a despejarse y al cuarto día los síntomas prácticamente habían desaparecido.

La incursión de Macfadden en la medicina culminó con la creación de un sanatorio en 1907: una enorme mansión equipada con piscinas, gimnasios, baños rusos y turcos y zonas de relajación. El Sanatorio Bernarr Macfadden (había cambiado su nombre de Bernard a Bernarr porque sonaba como el rugido de un león) estaba situado en Battle Creek Michigan, una pequeña ciudad convertida de la noche a la mañana en un faro para los enfermos. Justo enfrente se encontraba el famoso Sanatorio de Battle Creek, fundado por John Harvey Kellogg (su hermano aprovechó la moda de la salud y fundó la empresa de cereales Kellogg).

Durante sus 65 años de funcionamiento, 300.000 personas en busca de salud visitaron el sanatorio de Battle Creek. Cada día el tren dejaba una nueva cosecha de personas que se quejaban de diversas dolencias, una parte de las cuales se dirigía ahora al nuevo sanatorio de Macfadden con la esperanza de curarse.

La mayoría de los que llegaban a la puerta de Macfadden tenían síntomas vagos como dolores de cabeza, pérdida de peso, problemas digestivos, y en realidad no era de extrañar, la dieta típica de hace un siglo consistía principalmente en carne de cerdo salada, pan y patatas. La primera vitamina no se descubriría hasta 1912 y los estadounidenses ignoraban por completo lo deficientes que eran sus dietas. Además, la mano de obra había comenzado la transición a los trabajos de oficina. La combinación de una dieta terrible y la inactividad dejó a muchos estadounidenses en un estado lamentable - se dirigieron a Macfadden para ayudar.

En el sanatorio, Macfadden contrató como ayudante a un médico osteópata llamado Hugh Conklin. Prescribía según el mismo sistema de creencias que Macfadden. Ambos creían que la medicina, tal y como se practicaba, era en gran medida fraudulenta. Juntos hicieron un llamamiento a la clase médica: nosotros nos ocuparemos de aquellos a los que habéis abandonado y los curaremos. Esto estuvo bien para las masas, en su mayoría vagas y sin diagnóstico, que aparecieron. Tras un periodo de ayuno sin estrés, hidroterapia y ejercicio ligero en la hermosa mansión y sus alrededores, se sintieron mejor.

Por supuesto, algunos de los médicos más conservadores se opusieron, afirmando que Macfadden y los médicos que él había seleccionado eran charlatanes de la peor calaña: "de los que se aprovechan de los que están sanos pero se creen enfermos". Pero Macfadden contaba con el poder de las estrellas. Uno de sus clientes más famosos, Upton Sinclair, le defendió enérgicamente e incluso publicó un libro titulado The Fasting Cure (La cura del ayuno), dedicado a su buen amigo B.M.

Ocasionalmente, pacientes con enfermedades muy concretas, como la epilepsia, se presentaban en la puerta de Macfadden. Para los detractores de McFadden, esto, pensaban, sería seguramente donde fracasaría. Los pacientes epilépticos, en particular, venían con una vara de medir incorporada. Las terapias prescritas se enfrentarían a una verdadera prueba por un simple hecho: el número de ataques podía contarse antes y después del tratamiento, determinando así si éste era eficaz o no.

No está claro si Conklin o Macfadden conocían la historia de la epilepsia. Si la conocían, habrían sabido que existían pruebas dispersas que respaldaban la idea de que el ayuno funcionaría contra la epilepsia. En el siglo V a.C., Hipócrates informó sobre un hombre que había sufrido convulsiones. Se le prescribió un ayuno y la cura funcionó, liberando al individuo de las convulsiones. En una cita de la versión King James de la Biblia, Marcos cuenta la historia de Jesús curando a un niño epiléptico donde sus discípulos habían fracasado. Cuando le preguntaron por qué, Jesús dijo: "este tipo no puede salir sino con oración y ayuno".

Así que Conklin empezó a contar. Registró el número de ataques antes y después del tratamiento. Cuando se contaron las cifras, el resultado fue impactante e innegable: el ayuno funcionaba en los pacientes epilépticos. Una vez que dejaban de comer, una leva metabólica invisible se elevaba alrededor del cerebro. Las tormentas neurológicas que antes azotaban las costas se disipaban bruscamente. Por alguna razón, sin embargo, Conklin no sintió ninguna compulsión inmediata por publicar sus datos. Pero no importaba. La naturaleza aborrece el vacío -la clase médica no tenía buenas soluciones-, así que la noticia del "curandero sin fármacos" de Battle Creek, Michigan, que afirmaba tener un tratamiento eficaz para la epilepsia, empezó a filtrarse poco a poco entre el gran público.

Mientras los rumores sobre la "dieta del agua" de Conklin se extendían desde el centro del país, los médicos seguían tratando la epilepsia con los pocos fármacos de que disponían. El fármaco más recetado era el bromuro potásico. A mediados del siglo XIX se pensaba que la epilepsia estaba causada por una excesiva indulgencia sexual y, en particular, por la masturbación. En 1857, un médico británico, Charles Lockhart, leyó un informe en el que se afirmaba que algunas personas se habían vuelto temporalmente impotentes tras tomar bromuro de potasio. Según sus propias palabras, Lockhart hizo la conexión: ¿quizás el fármaco calmaría la glotonería sexual de los epilépticos y, como resultado, detendría sus ataques? El fármaco funcionó a pesar de la lógica errónea de Lockhart.

Una década más tarde, los médicos empezaron a cuestionar la relación entre la sexualidad excesiva y la epilepsia. Pensaron que era más probable que el bromuro actuara directamente sobre el cerebro y no mediante la supresión indirecta del deseo sexual. El bromuro es un potente sedante, y los investigadores establecieron una conexión irresistible entre la erupción nerviosa de un ataque y la capacidad del fármaco para frenar los impulsos nerviosos, como si se echara agua al fuego. En 1872, un investigador escribió: "El objetivo del tratamiento médico de la epilepsia es controlar el exceso de rapidez de la acción nerviosa. Para ello se han empleado con éxito los sedantes". La conexión era poderosamente seductora, y guiaría la búsqueda de nuevos medicamentos anticonvulsivos en un futuro previsible. La búsqueda de nuevos fármacos para la epilepsia era ahora sinónimo de encontrar fármacos que fueran sedantes - se pensaba que ambas cualidades eran inseparables.

El siguiente gran avance se produjo un día de otoño de 1912. Ocurrió porque un joven estudiante de medicina llamado Alfred Hauptman estaba privado de sueño. El joven alemán, psiquiatra residente, vivía sobre la sala de epilépticos mientras realizaba su formación médica. Debajo de él, las convulsiones atormentaban a sus pacientes durante toda la noche. Les oía retorcerse y convulsionarse, a veces incluso el ruido sordo de uno de ellos al caerse de la cama. Los sonidos incesantes le impedían conciliar el sueño. Mientras daba vueltas en la cama, se dio cuenta de que tenía que probar algo. Un nuevo somnífero llamado Luminal acababa de llegar a las farmacias un año antes.

Durante su formación médica aprendió que el bromuro potásico funcionaba como anticonvulsivo precisamente porque era un sedante. No era descabellado pensar que Luminal pudiera funcionar a través del mismo mecanismo. Al menos, pensó, tanto él como sus pacientes podrían dormir bien. Así que la noche siguiente, justo antes de acostarse, administró a cada uno de sus pacientes una dosis del nuevo fármaco. Para su deleite, Hauptmann durmió profundamente esa noche, al igual que sus pacientes. Lo habría dejado así, como un simple remedio para dormir bien por la noche, pero se dio cuenta de algo extraordinario: sus pacientes dejaron de tener convulsiones al día siguiente.

Hauptmann estableció la conexión que se cernía ante él: tal vez este fármaco, conocido químicamente como fenobarbital, podría ser un nuevo medicamento contra la epilepsia. Una vez publicada su observación, el fenobarbital empezó a recetarse y poco a poco fue cobrando impulso, hasta acabar desbancando al bromuro potásico como tratamiento de primera línea para la epilepsia. Aunque mejor que el bromuro de potasio para prevenir las crisis, Luminal seguía siendo un compromiso para los pacientes: menos crisis a cambio de una vida en la niebla, un estado nebuloso y embotado de la existencia. Los médicos asumían que era un juego de suma cero: menos convulsiones a costa de sedación. Se aceptó que así tenía que ser.

## *Pregunta de Charles Howland*

**En 1921, H. Rawle Geyelin, destacado endocrinólogo del Hospital Presbiteriano de Nueva York,** subió al estrado en la convención anual de la Asociación Médica Americana. En lugar del típico repaso a montañas de gráficos y tablas, Geyelin optó por contar una historia. Habló de un primo pequeño que padecía epilepsia. Durante cuatro años vio cómo su primo probaba todos los tratamientos recomendados por varios neurólogos, incluido el tío del niño, profesor de pediatría en Johns Hopkins. La familia vio impotente cómo fracasaban todos los tratamientos, incluidos los bromuros y el nuevo fármaco fenobarbital (Luminal). La familia, desesperada, tomó la que consideraron la única opción que les quedaba: viajar en tren a Battle Creek, Michigan, para ver a Macfadden y Conklin.

Conklin ya había tratado a un número incalculable de pacientes, probablemente cientos. Geyelin explicó cómo el joven primo ayunó bajo la supervisión de Conklin durante tres o cuatro semanas. Sorprendentemente, las convulsiones cesaron al segundo día y la remisión fue muy duradera: su primo siguió sin tener convulsiones durante más de dos años después de terminar el tratamiento. Para Geyelin, era imposible ignorar el resultado. En primer lugar, por la íntima conexión familiar y, en segundo lugar, porque sabía que su primo había fracasado en todos los demás tratamientos, los mejores que podían ofrecerle los médicos que estaban sentados ante él.

Así que Geyelin miró más de cerca. Siguió de cerca a otros dos pacientes que viajaron a Battle Creek para ver al Dr. Conklin. Los pacientes, confirmó Geyelin, al menos por el momento, estaban curados: seguían sin sufrir convulsiones tras regresar a casa.

Geyelin dio entonces el siguiente paso lógico. Comprobó si podía reproducir los resultados de Conklin ayunando a sus propios pacientes. Ahora, ante la silenciosa audiencia, presentó los resultados. Después de ayunar 30 pacientes durante 20 días en su clínica: 87% de los pacientes quedaron libres de convulsiones. Los resultados provocaron la respiración entrecortada del público. Los rumores sobre el curandero del Medio Oeste sin fármacos que anunciaba públicamente su desdén por la medicina convencional estaban ahora frente a ellos. Ya no era un rumor; Geyelin lo había convertido en un hecho documentado.

Para los médicos del auditorio, el tratamiento de la epilepsia seguía siendo una empresa tan frustrante como siempre. "Seguramente, los pacientes de ninguna otra enfermedad se han agarrado a tantas pajas terapéuticas", escribió un médico. Epilepsia viene de la antigua Grecia y significa "apoderarse, poseer o afligir".

Los griegos también llamaban a la epilepsia la enfermedad sagrada, y como las civilizaciones anteriores a ellos, pensaban que era una forma de posesión espiritual. En consecuencia, durante siglos, las víctimas fueron tratadas con un ritual inútil tras otro. En el siglo V a.C., Hipócrates desafió audazmente la suposición de que la epilepsia era de origen divino, declarando que era un problema médicamente tratable que emanaba del cerebro. La declaración de Hipócrates cambiaría para siempre el curso de la enfermedad, empujándola al terreno empírico de la medicina real.

Pero la transición no sería fácil. Su declaración inició lo que sería una serie de intentos torpes, bárbaros y a veces extraños de tratar la enfermedad. Los tratamientos excéntricos e inconexos eran un reflejo del hecho de que la epilepsia era de origen misterioso y desconocido. Los intentos de los médicos por acallar los ataques epilépticos eran un mosaico de ensayo y error: sangrías, trepanación del cráneo (hacer un agujero en el cráneo para liberar la enfermedad), extirpación de los ovarios y las glándulas suprarrenales, innumerables fármacos, hierbas y tinturas.

Cuando el médico romano Celso presenció cómo los epilépticos bebían sangre de las heridas de los gladiadores moribundos, escribió: "Qué enfermedad tan miserable que hace tolerable un remedio tan miserable". Y en 1921, cuando Geyelin hizo su presentación, poco había cambiado. "Muchas 'curas' modernas no son menos miserables", escribió un respetado neurólogo, comparando el estado de los tratamientos en los años veinte con los del pasado. Los médicos seguían teniendo poco que ofrecer a las víctimas de la epilepsia; y el hecho de que un osteópata no convencional hubiera descubierto lo que podría ser el mejor tratamiento disponible era recibido con cierto escepticismo, frustración y vergüenza.

El padre del joven primo de Geyelin, Charles Howland, era un acaudalado abogado de empresa de Nueva York. Asombrado por el hecho de que la cura de la epilepsia de su hijo se encontrara tan al margen del sistema médico, Howland se obsesionó con una sola pregunta: ¿por qué el ayuno curaba la epilepsia de su hijo? Conklin ya creía conocer la respuesta. Afirmaba que la epilepsia emanaba de los intestinos. Especulaba que las toxinas eran secretadas por los ganglios linfáticos que rodean el intestino delgado, almacenadas en el sistema linfático y, de vez en cuando, descargadas en el torrente sanguíneo, provocando los ataques. El simple hecho de no comer permitía eliminar las toxinas.

Conklin no tenía pruebas que respaldaran su afirmación; su razonamiento no era más que una suposición descabellada, probablemente impulsada por Macfadden. Al igual que muchos médicos, Charles Howland no estaba satisfecho con la artificiosa explicación de Conklin. Instintivamente, Howland sentía que había algo más. Quería desesperadamente saber, quería una respuesta respaldada por pruebas reales. Con la esperanza de encontrar una respuesta, extendió un cheque a su hermano, profesor de Pediatría en Johns Hopkins, por valor de cinco mil dólares.

Cinco mil dólares daban para mucho a principios del siglo XX y el Dr. Howland utilizó el dinero para crear un laboratorio de vanguardia en Johns Hopkins dedicado a la nueva misión. Como en el caso de su hermano, la cuestión se convirtió rápidamente en una obsesión particular. La respuesta, razonaba Howland, estaba seguramente en algún cambio del metabolismo del epiléptico. Encontrar la respuesta sería un ejercicio de comparación. ¿Cómo era el metabolismo de un epiléptico antes y después del ayuno, y podía aislarse el factor relevante del ruido? Una tarea demasiado ardua para cualquier persona, por lo que recurrió al Dr. James Gamble, un químico clínico inusualmente preciso y metódico.

El lienzo de la búsqueda de Gamble consistió en cuatro niños epilépticos en ayunas. Controló cuidadosamente todas las variables bioquímicas conocidas mientras pasaban al estado de ayuno. Recogió y analizó exhaustivamente su orina y su sangre con minucioso detalle, desde la pérdida de agua hasta el equilibrio de electrolitos, el equilibrio ácido/básico y la curiosa mención de la extraña aparición de dos cetonas, el betahidroxibutirato y el acetoacetato, en el plasma y la orina de los pacientes en ayunas. Para Gamble, estos compuestos eran un misterio. Especuló que carecían de sentido; el subproducto de la "oxidación incompleta de las grasas", nada más que un escape inútil expulsado cuando los pacientes empezaban a quemar grasa.

Al final, a pesar de una búsqueda exhaustiva, el informe no contenía ninguna respuesta definitiva, el cambio bioquímico que reducía las convulsiones en los epilépticos en ayunas, por el momento, seguía siendo un misterio. Mientras el equipo de Howland continuaba su frenética búsqueda, a unos mil kilómetros al oeste, en Chicago, se estaban plantando las semillas para ofrecer una explicación diferente.

## La comida se convierte en medicina

**Rowland Woodyatt y Evarts Graham, ambos médicos en Chicago, discutían durante el almuerzo.** El camarero ya estaba tenso. Sus voces eran elevadas y, lo que era peor, habían garabateado símbolos arcanos por todo el mantel, que probablemente estaba estropeado. La discusión se había desviado de los garabatos hacia algo más personal. "Tu perfeccionismo te está frenando, ¿no te das cuenta?", dijo Graham, claramente frustrado. "¿Sabías que Lorenzo Ghiberti tardó veinte años sólo en esculpir las puertas de bronce del baptisterio de San Giovanni? A la perfección no le importa el tiempo que se tarde", replicó Woodyatt, con voz mesurada. Woodyatt era un perfeccionista, en todos los sentidos de la palabra, y Graham no era el primero en darse cuenta.

Podía agonizar con la redacción de una sola frase, a veces durante un día entero. Graham lo encontraba absurdo, una pérdida de tiempo y talento. Pero para el estudio del metabolismo humano, el peculiar rasgo de la personalidad de Woodyatt era quizá su mayor virtud. Le apasionaban los detalles. Podía concentrarse en un objetivo concreto y no dejarse arrastrar por el complejo laberinto de vías metabólicas que abrumaba a los demás.

En el verano de 1921, la pasión de Woodyatt por el metabolismo culminó en un artículo titulado: Objetos y Método de Ajuste de la Dieta en la Diabetes. Aunque todavía no se había aislado la insulina, los investigadores sabían que el páncreas era el lugar de la patología: inyectar extracto pancreático a perros diabéticos podía normalizar los niveles de azúcar en sangre. Woodyatt se dio cuenta de que el problema del diabético residía únicamente en la disfunción pancreática, que se traducía en una incapacidad para utilizar un exceso de carbohidratos. En aquella época, los médicos solían dejar en ayunas a los diabéticos hasta que la glucosa desaparecía de la orina, con la idea de "descansar" el páncreas. A continuación, se reintroducía lentamente una dieta normal, normalmente con carbohidratos en primer lugar. Desgraciadamente, los diabéticos no tardaban en volver al punto de partida, con el azúcar acumulándose a niveles malévolos en el torrente sanguíneo.

El hecho de que el ayuno limpiara de azúcar el torrente sanguíneo despertó la curiosidad de Woodyatt, que se planteó una sencilla pregunta: si los pacientes diabéticos en ayunas recurren a quemar su propia grasa, ¿por qué no proporcionarles grasa a través de la dieta, mantener alejados los carbohidratos y mantener al diabético en estado de ayuno indefinidamente? Era una simple propuesta de exclusión. Era una pregunta que quizá debería haberse planteado antes, pero en aquel momento era fácil que los investigadores se perdieran en los detalles. Aún persistían grandes interrogantes, el mayor de los cuales era el destino de la grasa alimentaria: no estaba claro si la grasa podía convertirse directamente en azúcar.

Pero Woodyatt se negó a que las lagunas de conocimiento le llevaran a un callejón sin salida: cuando desconocía una vía, se dejaba guiar por la macroevidencia empírica.

En este caso, sabía que otro grupo ya había experimentado con una dieta alta en grasas/baja en carbohidratos en diabéticos con un éxito sorprendente: aunque la grasa pudiera convertirse en glucosa, no importaba, razonaba Woodyatt, parecía que algo bloqueaba su conversión. Estaba formulando una hipótesis que sólo había rondado por las mentes de los investigadores, pero que nunca se había sugerido de forma concreta. Una vez que la escribió, le pareció obvia: por qué no cambiar la proporción de la dieta a favor de la grasa, de esta forma el diabético podría descansar su páncreas, eliminar el exceso de azúcar de su torrente sanguíneo y utilizar en su lugar la grasa como fuente de energía. Los ardientes problemas de la insulina, los carbohidratos y el azúcar en sangre quedaban eliminados de la ecuación.

No pudo evitar reprender a la comunidad médica por sus suposiciones inflexibles y dogmáticas, y aislar el problema como una tendencia al pensamiento grupal dietético: "la costumbre universal de pensar en el suministro de alimentos simplemente como tantos carbohidratos, tantas proteínas, tantas grasas y tantas calorías sin más análisis", escribió Woodyatt. El paciente ni siquiera tiene que privarse, razonaba, puede consumir la misma cantidad de calorías totales. En una sola frase, Woodyatt derribó la visión monolítica de la dieta.

Ahora, gracias a él, la dieta ya no se veía como un pilar de hormigón, ahora era una columna construida a partir de subcategorías (carbohidratos, proteínas y grasas) que se podían manipular, desplazar y volver a apilar en diferentes combinaciones en función de las necesidades del paciente.

Mientras Woodyatt exponía las fisuras de los prejuicios dietéticos, en el verano de 1921, a trescientas cincuenta millas al noreste de Chicago, en la clínica Mayo de Rochester, Minnesota, un médico llamado Russell Wilder publicó tres breves párrafos en The Clinical Bulletin. La carta describía la misma epifanía dietética que Woodyatt - mantener el estado de ayuno sustituyendo los hidratos de carbono por grasas-, pero Wilder imaginaba el tratamiento de una enfermedad diferente: la epilepsia. "Se nos ha ocurrido que el beneficio del procedimiento del Dr. Geyelin puede depender de la cetonemia que debe resultar de tales ayunos, y que posiblemente se podrían obtener resultados igualmente buenos si se produjera una cetonemia por algún otro medio", escribió Wilder. Pero Wilder había hecho un salto adicional de lógica.

Woodyatt había sugerido el protocolo dietético simplemente como un medio para eludir el metabolismo deficiente de los carbohidratos de los diabéticos. Cómo el ayuno, o el mantenimiento dietético del ayuno, funcionaba para controlar las convulsiones exigía otra explicación. Wilder pensó que quizá había algo más, sugiriendo que las cetonas generadas por la dieta podían tener una importancia desconocida. Después de todo, eran la única variable metabólica compartida entre el estado de ayuno y una dieta baja en carbohidratos y alta en grasas. Hasta ahora, los investigadores suponían que las cetonas no eran más que restos metabólicos poco saludables, pero ahora, gracias a Wilder, esa suposición se cuestionaba.

Quizá eran las propias cetonas las que accionaban las palancas metabólicas dentro del cerebro de los epilépticos en ayunas. Wilder estaba ansioso por probar su teoría. "Se propone, por tanto, probar el efecto de tales dietas cetogénicas en una serie de epilépticos".

Es difícil cuantificar la influencia que tienen las palabras. Poner un nombre a una idea la convierte de una abstracción en algo tangible y concreto. El hecho de que Wilder diera nombre a la "dieta ketogénica" supuso su introducción en la clínica: ahora era real, ahora era algo que podía medirse, probarse y prescribirse.

**Bajo la lámpara de las clarificadoras epifanías de Woodyatt y Wilder, la Dra. Mynie Peterman,** pediatra de la Clínica Mayo, puso a prueba clínica con entusiasmo la dieta teórica de Wilder. En primer lugar, definió estrictamente la dieta ketogénica que debía probarse, parcelándola en un gramo de proteína por kilogramo de peso corporal del niño, 10-15 gramos de carbohidratos al día y el resto de las calorías en grasa. A continuación, empezó a reclutar pacientes epilépticos y a convencerlos de que probaran el extraño protocolo.

La comunidad científica estaba muy atenta y esperaba con impaciencia los resultados. Una vez publicados, el informe de Peterman reveló que el efecto de la dieta era increíble. La mayoría de los niños, antes atormentados por las convulsiones, experimentaron una remisión inmediata y poderosa. Empezaron a llevar una vida normal. El precio fue mínimo. De vez en cuando algún niño tenía náuseas y vomitaba, y entonces Peterman descubrió que un poco de zumo de naranja era una solución instantánea. Pero la mayoría hizo bien la transición a la nueva dieta y tuvo pocas quejas.

La dieta cetogénica, al principio sólo una frágil teoría, estaba funcionando. Mientras realizaba sus ensayos clínicos, Peterman observó algo más. No sólo la gran mayoría de los niños experimentaban una gran disminución del número de convulsiones, o se libraban de ellas por completo, sino que parecía haber un cambio sorprendente en su carácter. Peterman observó que los niños "dormían mejor, estaban menos irritables y mostraban un mayor interés y estado de alerta". Esto contrastaba fuertemente con los tratamientos farmacológicos que embotaban y silenciaban a los niños, como si una manta mojada cubriera sus cerebros.

Peterman observó que la dieta cetogénica disipaba la niebla. Peterman hizo un seguimiento de 37 niños que siguieron la dieta durante cuatro meses y hasta dos años y medio. En total, el sesenta por ciento de los niños no tuvo convulsiones, el 34,5% mejoró y el 5,5% no mejoró. La dieta cetogénica fue un éxito rotundo, innegablemente mejor que el fenobarbital y los bromuros.

Mientras la recién estrenada "dieta cetogénica" se estudiaba en la clínica Mayo, los médicos de la costa este seguían inmersos en la transformación neuroquímica inducida por el ayuno. Desde el punto de vista terapéutico, el ayuno tenía limitaciones evidentes. El mayor problema, se dieron cuenta los médicos, es que el ayuno era claramente sólo una solución temporal. Las convulsiones disminuían mucho, si no cesaban del todo, mientras el niño no comía, pero, por supuesto, no podía mantenerse. En algunos de los casos más leves, tras el ayuno, las convulsiones no volvían a aparecer. Pero en muchos casos, una vez que el niño volvía a comer, las convulsiones se reanudaban gradualmente. La dieta cetogénica de Wilder ofrecía una solución inmediata a este problema. El efecto terapéutico del ayuno podía ahora ampliarse paciente por paciente.

Las noticias del ensayo de la clínica Mayo se difundieron rápidamente. El Hospital General de Massachusetts, en 1924, abandonó el ayuno y adoptó la dieta cetogénica como tratamiento para la epilepsia. Pronto le siguieron otros. Nuevos estudios obtuvieron resultados similares al original realizado por Peterman, y otros también observaron los efectos positivos que la dieta parecía tener en los niños; un investigador comentó: "la dieta se tolera bien sin causar ningún síntoma adverso en los pacientes. Al contrario, parecen estar más alerta y menos nerviosos". Después de juguetear con las proporciones, los médicos determinaron que una fórmula de 4 partes de grasa por 1 de proteína/carbohidrato parecía funcionar mejor (una proporción que ha superado la prueba del tiempo y que hoy se conoce como la dieta cetogénica clásica).

Se añadieron a los libros de texto instrucciones para la dieta cetogénica, planes de comidas y extensas tablas con la composición nutricional de los alimentos. En respuesta a la creciente demanda, la Clínica Mayo publicó un folleto en el que se describían planes de comidas detallados y recetas para la dieta cetogénica. Pronto, médicos y dietistas de hospitales de todo el país empezaron a prescribir el nuevo tratamiento dietético para la epilepsia.

Un número incalculable de familias con niños epilépticos estaban reponiendo sus despensas y ajustando sus cenas familiares. Para los médicos, y las familias de los afectados, probablemente fue una elección fácil, los dos únicos fármacos del mercado eran altamente sedantes, y la dieta era todo lo contrario; requería algo de trabajo, no era una solución fácil, pero el beneficio era sorprendente, inmediato y duradero para la mayoría. Rápidamente se corrió la voz y la dieta cetogénica se convirtió en la terapia preferida para la epilepsia en todo el país. "Los resultados del ayuno y la dieta cetogénica son aparentemente los mejores que se obtienen con cualquier procedimiento terapéutico que podamos ofrecer a los epilépticos en la infancia hoy en día", dijo Geyelin al Colegio Americano de Médicos en una reunión en Nueva Orleans en 1928.

## "Como piedras para un mosaico"

**Charles Howland se negó a rendirse.** En 1922, sin dejarse intimidar por el fracaso de su hermano y de Gamble a la hora de encontrar una respuesta definitiva, se propuso ampliar la lista de expertos que le ayudaran a responder a su pregunta. Destacó al Dr. Stanley Cobb, profesor asociado de neuropatología de la Facultad de Medicina de Harvard. Cobb era un científico cauto y cuidadoso de una prominente familia de Boston que se especulaba que había entrado en las neurociencias como resultado de un tartamudeo infantil. Cobb ya estaba familiarizado con la historia de Howland: se encontraba entre el público un año antes, cuando Geyelin presentó el caso del viaje de su joven primo a Battle Creek y el éxito del tratamiento de Conklin.

Para Cobb, la historia no era del todo sorprendente. Los rumores sobre los primeros resultados de Conklin le habían intrigado y había empezado a investigar el efecto del ayuno en su propio laboratorio. Cuando Geyelin terminó su presentación, Cobb compartió con entusiasmo su propio trabajo con los asistentes, comentando que había sido testigo directo del efecto terapéutico: prevenir las convulsiones en animales mediante el ayuno. Sin embargo, lo que sorprendió a Cobb fue que, un año después, el padre del niño del que hablaba Geyelin estaba en su despacho pidiéndole ayuda.

Cobb had revealed how he felt about Conklin's work in an earlier conversation with a colleague when he stated that fasting treatment was significant because it "revealed the relationship between epilepsy and metabolism." In Cobb's mind, this relationship demanded to be explored. Cobb agreed to help. Howland scribbled out a check for enough to fund Cobb's efforts for two years.

Cobb era consciente de la dificultad de lo que acababa de hacer. Tendría que emplear la misma tenacidad que le permitió superar su tartamudez infantil. Llegar al fondo de la cuestión planteada por Howland era adentrarse en lo desconocido: a pesar del intenso esfuerzo de Gamble, se habían encontrado pocas pistas sólidas; lo único que se sabía con certeza era que el ayuno funcionaba. Instintivamente, sabía que necesitaría ayuda.

El primero en la lista de Cobb para reclutar fue un médico de Harvard llamado William Lennox. Entusiasta, innovador y audaz, Lennox se interesó por la epilepsia tras presenciar las implacables y misteriosas convulsiones de la hija de un amigo mientras estudiaba la salud de las familias misioneras en China en 1917. La extraña naturaleza de la enfermedad despertó algo en Lennox. Por casualidad, Lennox visitó Boston en la primavera de 1921 y asistió a la reunión de la AMA en la que Geyelin presentó su ponencia. De repente, Lennox se encontró en un punto de inflexión. Comentó que estaba "entusiasmado con la demostración de Geyelin y teniendo un interés apremiante por la epilepsia y su tratamiento, mi celo misionero se trasladó bruscamente de los chinos a la epilepsia", El momento era perfecto - infundido con el dinero de Howland, Cobb ofreció a Lennox un puesto. No hizo falta mucho convencimiento por parte de Cobb para reclutar a Lennox. La intensa curiosidad que bullía en su interior facilitó la decisión.

Juntos se lanzaron al problema. La pregunta de Howland se ampliaba ahora para incluir la dieta cetogénica que había sido definida un año antes por Wilder. La dieta era la preservación del estado de ayuno, por lo que, por extensión, probablemente se aplicaban las mismas reglas. Cualquiera que fuera el mecanismo por el que el ayuno mitigaba las convulsiones, lo más probable es que fuera el mismo para la dieta cetogénica. Wilder había añadido otro sospechoso a la alineación: los cuerpos cetónicos. Al igual que Gamble, Cobb y Lennox investigaron minuciosamente la transformación metabólica que se producía en los pacientes epilépticos en ayunas. Y al igual que Gamble, al cabo de un tiempo se dieron cuenta de que la respuesta no iba a presentarse fácilmente. Extrañamente, parecía que cada camino que seguían terminaba en una contradicción, como si estuvieran jugando con ellos a propósito.

Por ejemplo, Geyelin se había dado cuenta de que sus pacientes en ayunas excretaban ácido: cuanto más ácido excretaban, menos ataques. Las cetonas son ácidas, así que tal vez, razonaron, era el aumento de la acidosis en el plasma sanguíneo del paciente debido a la cetosis lo que de alguna manera actuaba para frenar las convulsiones. Otras pistas les llevaron en esta dirección. Acidificar el plasma del paciente inyectando ácido directamente en sus venas parecía tener un efecto anticonvulsivo. Pero el problema estaba en el momento.

¿Quizás, como sugirió Wilder, eran los propios cuerpos cetónicos? Para probar esta idea, Lennox y Cobb sometieron a una paciente a una dieta cetogénica. Una vez que cesaron sus convulsiones, le inyectaron bicarbonato (un compuesto que contrarresta el ácido). Cuando analizaron su sangre después de la inyección de bicarbonato, sorprendentemente, se produjo un aumento de los cuerpos cetónicos, pero, incluso con el aumento de cetonas, sus convulsiones volvieron con una venganza - por lo que claramente no eran los cuerpos cetónicos por sí mismos. Cada vez que intentaban aislar la variable relevante, se les escapaba de las manos.

La naturaleza del problema no pasó desapercibida para Cobb y Lennox. Reconocieron lo que era: una serie increíblemente compleja e interrelacionada de alteraciones neuroquímicas. La búsqueda, se dieron cuenta, probablemente no había hecho más que empezar: "La minuciosa acumulación de hechos aparentemente inconexos debe continuar", escribió Lennox, "hasta que, como piedras para un mosaico, sean suficientes en número para permitir su ensamblaje en un diseño completo e inteligible." La respuesta seguía siendo un mapa del mundo anterior a Colón. Lo aún por explorar impedía una imagen completa. Y la tecnología existente era demasiado rudimentaria por el momento para rellenar los huecos. Al parecer, la pregunta de Howland, al igual que la cartografía de la Tierra, podría ser un esfuerzo multigeneracional.

**Aunque Cobb y Lennox no consiguieran encontrar una respuesta clara y sucinta a la pregunta de Howland,** algo especial estaba ocurriendo en Boston. En 1930, Cobb, que ya tenía 44 años, fue nombrado Director de la recién creada unidad neurológica del Boston City Hospital. Bajo su dirección, se formó fortuitamente un potente equipo de investigadores, todos unidos por un intenso interés en la epilepsia. Lennox siguió a Cobb al Boston City Hospital y pronto se les unieron un neurocirujano formado en Harvard llamado Tracy Putnam y un neurólogo formado en John's Hopkins, Houston Merritt. Putnam y Merritt se conocieron mientras realizaban prácticas de neurología en el hospital y experimentaron una poderosa conexión, entablando una profunda y duradera amistad. Ambos fueron descritos como "brillantes" y capaces de tener "percepciones inusuales".

Putman tenía algo más que un interés profesional en la epilepsia porque dos de sus parientes -una prima a la que consideraba como una hermana- padecían la enfermedad. Su talento, pasión e intelecto no pasaron desapercibidos para Cobb, que los reclutó activamente para la investigación. Juntos, el grupo formó una tempestad de creatividad. Lo que ocurrió en el Boston City Hospital fue una rara alineación de las estrellas, un grupo de personalidades que colectivamente elevaron su trabajo mucho más allá de la capacidad de cualquier individuo. Una atmósfera desinhibida de entusiasmo contagioso fomentó las ideas audaces. Un escritor describió la unidad: "su lista sitúa a la unidad entre las mayores instituciones de su clase".

Pero el momento no pudo ser peor. La frágil realización del extraordinario equipo de investigación estuvo a punto de hacerse añicos en su infancia. Cuando la gran depresión se abatió en 1930, aplastó los programas de investigación de todo el país. En el caso de Cobb y Lennox, cuando el dinero de Howland se agotó, Harvard se apresuró a formar una "Comisión de Epilepsia" para que su trabajo no muriera en la viña. El programa se financiaba con donaciones voluntarias, que se cerraron como una espita tras el Martes Negro. En el último segundo, el Instituto Rockefeller intervino: si no lo hubiera hecho, la historia del tratamiento de la epilepsia podría haber visto alterado su curso de forma incalculable.

El grupo sabía que el mayor obstáculo para comprender y mejorar los tratamientos era la falta de buenos modelos animales para estudiar. Los modelos actuales utilizaban sustancias químicas para inducir convulsiones, un método torpe e incoherente que a veces arrojaba resultados muy dispares. El nuevo instrumento electroencefalográfico (EEG) podía registrar las descargas eléctricas del cerebro de los pacientes. Cuando se sujetaba a la cabeza de un paciente epiléptico, mediante una frenética amplificación de garabatos en papel, la máquina revelaba un tornado de descargas eléctricas excesivas.

Nadie sabía por qué se producía la tormenta, de dónde procedía o qué la hacía desaparecer, pero la nueva máquina identificó lo que era un ataque: impulsos eléctricos que se disparaban sin propósito, una sobrecarga de señal que pulsaba por el cerebro. Putnam pensó que si un ataque era una descarga eléctrica, tal vez podría provocar un ataque en animales por la misma vía: administrando una descarga eléctrica. El grupo aprovechó la idea de Putnam. Utilizando piezas de un motor eléctrico procedente de un avión alemán de la Primera Guerra Mundial, montaron una máquina improvisada que dosificaba una descarga eléctrica medida.

Tras algunas deliberaciones, Putman y Merritt decidieron probar su nueva máquina en gatos. La idea era sencilla: hacer una prueba con los gatos para ver cuánto pulso les provocaba una convulsión; a continuación, dar a los mismos gatos el fármaco a probar, esperar dos horas y repetir la prueba. Si los gatos necesitaban más de una descarga para desencadenar una convulsión mientras tomaban el fármaco, era lógico suponer que el fármaco era anticonvulsivo. Las pruebas con fármacos conocidos confirmaron su lógica. Cuando se administraba bromuro a los gatos, se necesitaba un 50% más de corriente que antes para generar una convulsión; cuando se administraba fenobarbital, se necesitaba entre tres y cuatro veces más corriente que antes. Su modelo era coherente y reproducible.

El grupo hizo entonces una observación vital. Desde el descubrimiento de los bromuros, siempre se había asumido que era el efecto hipnótico o sedante de los fármacos el que silenciaba las convulsiones: ambas propiedades eran inseparables. El nuevo sistema experimental les permitió poner a prueba esa suposición. Cuando Putman y Merritt drogaron a los gatos con bromuro y fenobarbital hasta alcanzar exactamente el mismo estado sedante -hasta el punto de impedirles caminar- y luego utilizaron su aparato para comprobar el umbral convulsivo, el fenobarbital seguía siendo mucho mejor. Esto reveló un detalle crítico. Implicaba que la propiedad sedante y la propiedad anticonvulsiva no estaban encadenadas, sino que podían separarse.

Ahora se daban cuenta de que no era necesariamente la propiedad sedante de los fármacos lo que los hacía funcionar. Este descubrimiento desbloqueó la búsqueda de nuevos fármacos anticonvulsivos; en efecto, eliminó una enorme barrera que había inhibido el desarrollo de fármacos anticonvulsivos durante unos setenta años. El estrecho cañón en el que buscaban los investigadores se convirtió de repente en un campo abierto.

Putnam y Merritt se dieron cuenta de la oportunidad y empezaron a utilizar su modelo animal para probar nuevos fármacos. Por modesto que pareciera a primera vista, el sistema experimental fue revolucionario. Fue uno de los primeros usos a gran escala de animales para probar fármacos que podrían resultar útiles en humanos, un proceso que ahora se denomina medicina traslacional. Dado que el fenobarbital era el mejor fármaco disponible, Putnam dio un pequeño salto lógico: probaría derivados del fenobarbital, es decir, compuestos químicamente similares. Su modelo animal y su método de cribado de compuestos fueron la nueva cadena de montaje de Henry Ford recapitulada en la industria del descubrimiento de fármacos: un salto cuántico en productividad. Antes, el proceso de descubrimiento de fármacos era en su mayor parte accidental, ahora era intencionado. El sistema agilizaba enormemente la probabilidad de encontrar nuevos fármacos, ya que permitía el cribado en masa: podían procesar los productos químicos a una velocidad y con una precisión incalculables.

Putnam empezó a buscar. Recorrió el catálogo de la empresa Eastman Chemical en busca de compuestos que estructuralmente estuvieran a un paso del fenobarbital. Al mismo tiempo, llamó a empresas farmacéuticas para preguntarles si tenían algo parecido al fenobarbital. En concreto, como habían demostrado que la cualidad hipnótica de los fármacos anticonvulsivos no era esencial, solicitó "compuestos que se pensaban hipnóticos pero que no habían demostrado serlo". Sólo uno devolvió la llamada de Putnam, Author Dox, químico de Parke-Davis.

A finales de abril llegó al Boston City Hospital un paquete de Dox con el nombre de Putnam. Dentro, había 7 análogos del fenobarbital y una docena de otros compuestos que encajaban con la descripción de Putnam. Dox advirtió a Putnam de la inutilidad de lo que intentaba conseguir. Le dijo que su búsqueda era "una pérdida de tiempo, porque los compuestos ya habían sido probados a fondo y estaban inactivos". Pero Dox sólo había probado los compuestos por su efecto sedante, suponiendo, como todo el mundo, que eso bastaba para descartarlos como fármacos anticonvulsivos. Ignoraba que el grupo de Boston tuviera motivos para creer lo contrario.

Uno de los derivados del fenobarbital, la fenitoína, llevaba décadas en la estantería de Parke-Davis. La empresa había comprado el compuesto a un químico orgánico alemán en 1908 con la esperanza de que tuviera propiedades sedantes. Pero cuando se descubrió que sólo era ligeramente sedante, se guardó en un almacén y se olvidó. El compuesto olvidado fue el primero de la lista que Putnam y Merritt debían probar. Sabían que había fracasado como somnífero y que, por tanto, tenía menos efecto sedante que los fármacos actuales. Cuando administraron el fármaco a los gatos, estaba claro que no les afectaba demasiado; Dox tenía razón, sólo era ligeramente sedante. Pero cuando comprobaron el umbral de convulsiones de los gatos se quedaron asombrados. El fármaco elevaba el umbral muy por encima de los

118

demás fármacos conocidos, sin sedarlos en exceso. Esto era exactamente lo que estaban buscando, el santo grial del tratamiento de la epilepsia, un fármaco menos sedante pero poderosamente anticonvulsivo.

Los primeros años de la década de 1930 eran muy diferentes. Los organismos reguladores no exigían pruebas preclínicas de seguridad para los nuevos fármacos (la Ley de Alimentos, Medicamentos y Cosméticos se firmó en 1938). No obstante, para estar seguros, Putnam y Merritt entregaron el fármaco a un toxicólogo de Harvard y a otro de Parke-Davis. Ambos descubrieron que la fenitoína podía administrarse a gatos, perros y ratas en dosis únicas y repetidas muy altas sin efectos tóxicos inmediatos. Esto fue suficiente para despejar el camino y empezaron a tratar pacientes en mayo.

En el verano de 1938 ya habían tratado a 200 pacientes adultos y pediátricos con fenitoína, ahora conocida como Dilantin, y presentaron sus resultados en una reunión de la AMA en San Francisco. Los resultados fueron notables. Según Putnam y Merritt, el Dilantin era capaz de eliminar o reducir en gran medida las convulsiones en el 85% de los pacientes tratados. Se registraron síntomas tóxicos leves en el 15% de los pacientes y "reacciones tóxicas más graves" en el 5%. Seis días después, Parke-Davis añadió Dilantin a su lista de productos comercializados.

El resto es historia. La popularidad del medicamento creció rápidamente. En 1940 ya era aclamado como el inicio de una nueva era en el tratamiento de la epilepsia. Un médico lo calificó como "el agente quimioterapéutico más notable e importante en los trastornos convulsivos desde 1912...". Verdaderamente una nueva era se había apoderado de los pacientes epilépticos. En todo el país, los médicos empezaron a prescribir Dilantin como tratamiento de primera línea para sus pacientes.

El descubrimiento del Dilantin hizo algo más: despertó y desató el instinto capitalista de las empresas farmacéuticas. Prestaron mucha atención al descubrimiento de la Dilantina. Quizá aún más importante que el propio descubrimiento de la Dilantina fue la consagración permanente de la metodología establecida por Putnam y Merritt. La importancia del modelo animal de Putnam y Merritt no pasó desapercibida para las grandes farmacéuticas. Las empresas no tardaron en crear sus propios programas internos de cribado de fármacos a gran escala. Entre 1937 y 1945, los propios Putnam y Merritt analizaron más de 700 compuestos en busca de actividad anticonvulsiva. Los esfuerzos masivos produjeron resultados. En las dos décadas siguientes, una docena de nuevos anticonvulsivantes llegaron a los estantes de las farmacias.

**Tan pronto como se inició la nueva era de los fármacos anticonvulsivos,** se abandonó la dieta cetogénica. Dilantin se consideraba lo mejor de la medicina moderna. Era un símbolo de progreso, el vector continuo de avance médico de la humanidad. Con la llegada del control de las convulsiones para muchos pacientes en forma de píldora, la onerosa dieta pronto se consideró "rígida y cara", y empezó a perder adeptos. Una pastilla era mucho más fácil. Una píldora le llevaba a un médico segundos garabatear su receta. La dieta requería el tiempo y el esfuerzo de muchas personas: el médico, el dietista, las enfermeras y las familias. Con una pastilla, todos quedaban liberados. Ya no tenían que planificar cada lista de la compra y cada comida. Los niños y las familias podían llevar una vida normal. Ya no eran marginados. Podían disfrutar de la misma comida que los demás. Ahora podían comer tarta de cumpleaños, tortitas con sirope y postres junto a sus amigos y familiares, sin tener que mirar desde la barrera.

La historia está llena de investigaciones que se alejan como una conversación inacabada. Junto con la dieta cetogénica, la pregunta original de Howland perdió relevancia. Era una pregunta extraña de una época pasada. Cómo funcionaba el ayuno o la dieta cetogénica para detener las convulsiones ya no importaba a la gran mayoría de los investigadores. Pero no todos pensaban lo mismo. Se desvaneció de la vista con un puñado de protestas no escuchadas. En la clínica Mayo, Peterman, encontró el Dilantin "decepcionante" comparado con la dieta cetogénica. Irónicamente, años más tarde, hablando a un grupo de médicos residentes en el NIH (Instituto Nacional de Salud, Washington D.C.), se rumoreaba que el Dr. Merritt había dicho a los jóvenes médicos que su descubrimiento de la fenitoína era un gran revés para la comprensión de la epilepsia.

Creía que la línea de investigación iniciada por la pregunta original de Howland de por qué funcionaba el ayuno, y que luego se transformó en la dieta cetogénica, era un hilo conductor que podría haber conducido en última instancia a una comprensión más profunda de los mecanismos de la epilepsia. En 1960, casi 40 años después de ser contratado para trabajar en la cuestión de Howland, Lennox miraba atrás con nostalgia: "Aunque el interés por el ayuno (o la dieta cetogénica) como tratamiento casi ha desaparecido, sin duda queda mucho oro científico en esas colinas".

**En 1990, la dieta cetogénica estaba prácticamente olvidada.** Era una extraña y anticuada nota al margen que la mayoría de los médicos consideraban que pertenecía a un libro de historia, no a un libro de texto moderno. La dieta fue tachada de "rígida, desagradable y limitadora de la vida diaria". Johns Hopkins, uno de los primeros hospitales que ayudó a desarrollar y utilizar la dieta en los años 20 y 30, apenas consiguió conservar un único médico prescriptor: el Dr. John Freeman, y su dietista, Millicent Kelly, una mujer de setenta y dos años que había estado administrando la dieta durante cuarenta años. Había muy poca demanda de sus servicios. Kelly enseñaba la dieta cetogénica a las familias de menos de diez niños al año. Para los médicos de todo el país, Freeman y Kelly bien podrían haber sido una exposición de museo.

Kelly garabateaba en un viejo bloc de notas, calculando proporciones y anotando recetas para las familias. "Juntos, éramos los guardianes de la llama", escribió Freeman más tarde. Aparte de Kelly, había tan pocos dietistas formados en los matices de la dieta que, cuando se utilizaba, se administraba de forma descuidada, y los niños solían tener malos resultados. Las lecciones del pasado, que requerían cálculos precisos para lograr el mejor control de las convulsiones, prácticamente se habían perdido. Los malos resultados se sumaron a la percepción de que la dieta era vieja, anticuada y no tan eficaz como los fármacos actuales. La opinión generalizada era que la dieta "no funcionaba y era difícil de tolerar" y que su uso "ya no estaba justificado". En todo el país, su uso llegó a ser casi inexistente.

## "Un momento, esto no tenía por qué ocurrir"

**Mientras los Abrahams volaban a Baltimore en busca de la última oportunidad** para tratar las constantes convulsiones de Charlie, sus pensamientos oscilaban entre la tristeza, la desesperación y el último resquicio de esperanza. Lo más probable es que experimentaran las mismas emociones que los Howland cuando viajaron en tren hacia Battle Creek ochenta años antes. Mientras atravesaba el paisaje americano, Abrahams desconocía por completo la rica historia que rodeaba a la dieta cetogénica como tratamiento para la epilepsia. El hecho de que en su día fuera el tratamiento estándar para la epilepsia le habría sorprendido y desconcertado aún más. Para Abrahams, y para la mayoría de los médicos y pacientes de todo el país, la dieta cetogénica estaba muerta, reducida al equivalente de un herbolario que trabaja en un centro comercial.

Cuando llegaron al Johns Hopkins se reunieron con el Dr. Freeman y su dietista, Millicent Kelly. La pareja parecía encajar a la perfección. El Dr. Freeman era un inconformista. "Sabía que muchos de sus colegas le consideraban un fuera de serie, pero en cierto modo creo que eso le intrigaba". Millicent era el lado blando: reconfortante, con gestos de abuela amplificados hasta niveles casi caricaturescos. Con una voz encantadora y tranquilizadora que parecía redondear los bordes de cada palabra, explicó la dieta a Abrahams. Sin tiempo que perder, empezaron la dieta a salto de mata, ayunaron Charlie el resto del día y hasta el siguiente.

Al día siguiente, cuando Abrahams cogió a su hijo en brazos, ya notaba la diferencia; simplemente lo sentía "menos intenso", como si algo se hubiera apagado. Al día siguiente, cuarenta y ocho horas después, ocurrió algo extraordinario: su hijo dejó de tener convulsiones. Completamente. Los Abrahams volvieron a casa rebosantes de optimismo y esperanza. Pasaron los días, luego las semanas, y las convulsiones se mantuvieron a raya. La dieta había tenido un efecto increíblemente poderoso. Había hecho lo que los fármacos y la cirugía no podían hacer: había sacado a su hijo del abismo. Charlie empezó a prosperar. Recuperó su capacidad mental y su energía. La casa, antes llena de lágrimas, estaba ahora llena de alegría.

La historia de los Abrahamses habría terminado ahí: habrían sido sólo uno de los diez a los que el Dr. Freeman y Millicent ayudaban en silencio cada año. Pero al igual que Howland antes que él, la experiencia despertó algo profundo. La medicina les había fallado. Las cosas empezaron a agitarse en Abrahams cuando volvió a su vida normal. Algo no le sentaba bien. "De repente se me abrieron los ojos en mitad de la noche, y me dije 'un momento, esto no tenía por qué pasar'. El noventa por ciento de estos ataques no tenían por qué ocurrir. No tenía por qué haberle despertado a todas horas y haberle administrado fármacos". La epifanía de Abrahams se transformó en perplejidad y rabia. Lo que más le motivó es que estaba en condiciones de evitar que esto les ocurriera a otros.

Mientras Howland tenía el dinero de un acaudalado abogado de empresa, Abrahams tenía algo aún mejor: quizá el mejor recurso del mundo para emprender una causa: Hollywood. Abrahams había producido éxitos de taquilla como Airplane, Naked Gun y Hot Shots. Si se trataba simplemente de falta de información, él podía cambiarlo. Así que él y su esposa Nancy crearon la ahora famosa Fundación Charlie, dedicada a difundir información sobre la dieta cetogénica para que la historia de Charlie no se repitiera. El 26 de octubre de 1994, el programa de noticias Dateline de la NBC llevó la historia de Charlie a millones de hogares de todo el país.

Al final del programa, los espectadores recibían un número de teléfono al que podían llamar. A las familias que llamaron se les envió un vídeo de la Fundación Charlie titulado Una introducción a la dieta cetogénica. La fundación también envió por correo la misma cinta a neurólogos de todo el país. Poco después, los neurólogos recibieron por correo otro vídeo titulado La dieta cetogénica: Versión para médicos. Era un plan bien orquestado y su impacto fue enorme. Abrahams también tenía a la fundación Charlie lista para financiar un ensayo en siete centros diseñado para medir el impacto de la dieta cetogénica de una vez por todas. Un ensayo serviría para demostrar la eficacia de la dieta olvidada tanto para los pacientes como para los médicos.

**El momento fue perfecto. Poco antes del especial de Dateline,** la Fundación Charlie hizo que médicos, dietistas, enfermeras y familias con niños epilépticos acudieran al Johns Hopkins y recibieran una formación intensiva sobre el uso del protocolo de la dieta cetogénica del Johns Hopkins. Los médicos y su personal estaban preparados y esperando la oleada de nuevos pacientes que se esperaba gracias al bombardeo mediático que comenzó con el especial de Dateline en horario de máxima audiencia. Como era de esperar, los chicos llegaron de todos los rincones del país, desesperados por probar la nueva dieta. Cuatro años después, Freeman publicó los resultados de 150 niños que participaron en el ensayo. El grupo de pacientes inscritos en el ensayo era muy duro.

Como grupo, tenían una media de 410 crisis al mes y no habían conseguido mejorar tras probar una media de 6,2 medicamentos. Sin embargo, los resultados fueron espectaculares. Del 55% que seguía con la dieta al cabo de un año, el 27% estaba casi libre de crisis, el 23% había mejorado significativamente y el 5% restante tenía una reducción de las crisis inferior al 50%. Entre tres y seis años más tarde, el 27% de estos mismos niños tenía pocas o ninguna crisis y la mayoría había abandonado la dieta y tomaba menos o ninguna medicación. Para concienciar aún más al público, un año antes de que se publicaran los datos del ensayo, Abrahams estrenó una película para la televisión ABC titulada First Do No Harm (Primero no hacer daño), protagonizada por su buena amiga Meryl Streep. Era el dramático retrato de la lucha de una familia del Medio Oeste por encontrar la dieta cetogénica para su hijo con epilepsia grave y sin respuesta. Ocho millones de espectadores vieron la película la noche que se emitió.

En realidad, el ensayo clínico de la Fundación Charlie no hizo más que confirmar los resultados de los otros trece estudios que se habían realizado desde que Wilder propuso por primera vez la dieta como tratamiento en 1921. La única diferencia es que esta vez, gracias a la campaña mediática elegantemente coreografiada de Jim Abrahams, la gente prestaba atención. El estudio se presentó en la reunión anual de la Sociedad Americana de Epilepsia en 1996. Antes de que se presentara el estudio, la dieta cetogénica casi nunca se mencionaba en la reunión anual. Pero esta vez, combinada con la tormenta mediática, precipitó una avalancha de investigaciones al año siguiente, que no hizo más que crecer en los años siguientes. La dieta cetogénica había resucitado: tan rápido como había caído, debido al descubrimiento del Dilantin, había sido revivida por una familia apasionada y su hijo enfermo.

A los siete minutos y cincuenta y cinco segundos del especial de Dateline sobre la historia de Charlie, el médico de Charlie, Donald Shields, dijo algo importante. El reportero le preguntó al Dr. Shields: "Usted tenía conocimiento de que esta dieta probablemente estaba funcionando en Johns Hopkins (el Dr. Shields y el Dr. Freeman eran buenos amigos), sin embargo, disuadió a los Abrahams de intentarlo, ¿por qué?" El Dr. Shields hizo una pausa, miró al techo y dijo: "Bueno, porque creo que aún no habíamos agotado todos los enfoques médicos. De hecho, había otros medicamentos que aún no habíamos probado". Establecer una distinción entre los llamados "enfoques médicos" y la dieta cetogénica revela mucho sobre la forma en que muchos médicos ven el protocolo dietético: algo que existe fuera del ámbito de la medicina real, algo extraño, no convencional y alternativo. ¿Por qué si no habría caído en el olvido?

Incluso hoy en día la dieta rara vez se utiliza como tratamiento de primera línea. Sigue siendo algo que se mantiene en reserva. La epilepsia casi siempre se trata primero con fármacos. La medicación hará que la mitad de los pacientes estén libres de ataques durante un largo periodo de tiempo. Pero si un paciente no responde al primer fármaco, las probabilidades disminuyen rápidamente. En estos casos, un segundo fármaco sólo liberará de las crisis a un 14% adicional. Si ese fármaco fracasa, la probabilidad de controlar las crisis mediante fármacos desciende al 1 ó 2%. Sorprendentemente, incluso con los fármacos anticonvulsivos más recientes, estos porcentajes se han mantenido prácticamente iguales a lo largo del siglo, como si los fármacos por sí solos no pudieran superar alguna barrera fundamental. Así pues, más del 30% de los pacientes epilépticos no controlan sus crisis, ni siquiera con los últimos y mejores medicamentos.

Antes de que Abrahams sacara la dieta del olvido, estos pacientes no tenían dónde acudir. Hoy en día, la dieta cetogénica se suele utilizar como último recurso. Para más del 30% de los pacientes con convulsiones incontroladas tras fracasar la terapia farmacológica, la dieta cetogénica es un regalo del cielo. Si se mantiene adecuadamente, hace que la mitad de este grupo desesperado quede completamente libre de convulsiones o muy cerca de estarlo. Estos increíbles resultados se han demostrado sistemáticamente en un estudio tras otro a lo largo del siglo XX. Además, la mayoría de los niños que siguen esta dieta pueden volver a una dieta occidental normal al cabo de dos años, no vuelven a necesitar fármacos y siguen sin tener convulsiones.

**Tras peinar las estadísticas, surge una pregunta inevitable:** ¿por qué la dieta sólo se considera una opción de último recurso? Uno no puede evitar preguntarse: ¿qué es mejor como tratamiento de primera línea, los fármacos o la dieta cetogénica? Sin duda, las comparaciones de los ensayos no son comparables. Nunca se ha realizado una comparación directa. La respuesta a esta pregunta sigue siendo desconocida.

Sin embargo, hay una diferencia muy importante entre los estudios de los fármacos anticonvulsivos y la dieta cetogénica: todos los estudios modernos de la dieta cetogénica utilizan una población de pacientes a los que les ha fallado el tratamiento farmacológico. Los ensayos sobre la dieta tienen un sesgo incorporado desde la línea de salida. Los ensayos realizados con la dieta cetogénica se inscriben con los casos más difíciles: pacientes con convulsiones enquistadas que se niegan a ser mitigadas por los mejores medicamentos disponibles. "Ya se han eliminado los casos más fáciles. Es como correr una carrera de cien yardas con un peso encadenado a la pierna", afirma el Dr. James Wheless, neurólogo pediátrico y reconocido experto en el uso de la dieta cetogénica. Incluso frente a tan difíciles adversidades, la dieta cetogénica muestra resultados increíbles.

Por supuesto, cualquier comparación entre dieta y fármacos debe incluir también los efectos secundarios. Ni siquiera los fármacos modernos son completamente benignos. Cuando Charlie estaba saturado de anticonvulsivos, Abrahams lo describió como un "zombi que vivía en su asiento del coche". Aunque la tecnología ha seguido separando el efecto sedante del anticonvulsivo, no es perfecta. Los fármacos suelen dejar a los pacientes aletargados, mareados y con visión doble. Aparecen erupciones cutáneas, aumento de peso, función hepática anormal, cálculos renales y estreñimiento.

La mayor diferencia entre la medicación anticonvulsiva y la dieta cetogénica se produce en el cerebro. De hecho, el cerebro es la zona cero en el debate de la dieta frente a los fármacos. Los efectos secundarios que se producen con la medicación no se dan en la dieta, de hecho, ocurre lo contrario. Los médicos de hoy en día notan los mismos efectos mentales que los pioneros originales de la dieta a principios del siglo XX: aumento del estado de alerta, mejora del comportamiento, reducción de la ansiedad y la depresión. La forma en que el paciente experimenta la vida es notablemente diferente entre los fármacos y la dieta, una variable que desafía la cuantificación.

La forma estricta de la dieta no está exenta de algunos problemas. Se producen efectos secundarios, pero son muy leves, como cambios en los perfiles lipídicos, cálculos renales, estreñimiento y una sutil ralentización del crecimiento. Sin embargo, las mejoras en la formulación de la dieta, las fuentes de macronutrientes, los suplementos y las intervenciones han disminuido en gran medida las anomalías lipídicas, el estreñimiento y los cálculos renales.

Un estudio realizado en 2010 en Johns Hopkins siguió los resultados de los niños tratados con la dieta cetogénica desde 1993 hasta 2008 y casi no encontró efectos adversos a largo plazo. El único efecto evidente fue el crecimiento. Se encontró que la altura se redujo en 5 cm con respecto a la media esperada. Todos los demás valores de laboratorio fueron normales. Y lo que es más importante, el estudio descubrió que los sujetos habían seguido manteniendo o mejorando el control de las convulsiones, incluso en la edad adulta. La mayoría de las familias no se arrepentían de nada y recomendaban la dieta a otras personas. En conjunto -resultados combinados con efectos secundarios- muchos expertos en la materia dan la razón a la dieta cetogénica cuando se compara directamente con los fármacos. Creen que la dieta es a menudo simplemente la mejor opción médica. "Ningún fármaco anticonvulsivo tiene esa tasa de efecto beneficioso", escribió el Dr. Freeman.

A pesar de los heroicos esfuerzos de Abrahams, su esposa Nancy y la Fundación Charlie, la dieta cetogénica sigue estando infrautilizada en la actualidad. Cuando un niño epiléptico entra en la consulta de un neurólogo, el escenario típico es el siguiente: al paciente se le prescribe un fármaco de primera línea. Como ya se ha dicho, esto funciona aproximadamente la mitad de las veces. Para la mitad que no responde, el neurólogo prescribe otro medicamento. Esta vez el fármaco funciona en aproximadamente uno de cada siete niños (no importa qué fármaco se elija, las estadísticas siguen siendo las mismas). Para los niños que no responden al segundo fármaco, el neurólogo probará casi siempre un tercero. La probabilidad de que el tercer fármaco funcione se reduce al 1%. Esto deja a más de uno de cada tres niños que vuelven a la consulta del neurólogo en una situación desesperada, después de haber

126

fracasado con tres fármacos. El neurólogo tiene que tomar una decisión. Según un informe especial de 2008 publicado por un consorcio de 26 expertos reconocidos mundialmente en el uso de la dieta cetogénica procedentes de nueve países, es precisamente aquí donde debe prescribirse la dieta, tras el fracaso de dos o tres fármacos.

**En este punto, los datos piden ser escuchados:** la dieta cetogénica hará que más de la mitad de este desesperado grupo de niños esté completamente o muy cerca de estar libre de convulsiones - la otra mitad simplemente no puede o no quiere mantener la dieta por una variedad de razones - o encuentran que la dieta no está funcionando, o es demasiado difícil de mantener. Prescribir un cuarto fármaco tiene muy pocas probabilidades de funcionar. Sin embargo, extrañamente, en muchos casos, el neurólogo sigue recetando más y más fármacos, muchos de ellos sin sugerir nunca la dieta, el mismo terrible lugar en el que se encontraban Charlie y su familia.

Cuando le pregunté a Jim si la "historia" de Charlie sigue ocurriendo hoy en día, me respondió en un tono sobrio: "Lamentablemente, sí. Y en muchos aspectos es peor; la razón es que hay más medicamentos. Los médicos suelen decir: 'bueno, hay otro medicamento, probemos con ése'. Por lo que vemos, de los que se ponen en contacto con nosotros, no conozco la estadística exacta, pero rara vez se prescribe la dieta tras el fracaso de dos o tres medicamentos." Por qué se sigue marginando la dieta es una pregunta conmovedora. "Es un cambio cultural", dijo el Dr. Wheless. "La mentalidad actual es tomarse una pastilla y listo. Si la dieta estuviera en forma de píldora sería el mejor tratamiento disponible".

Esto plantea una cuestión importante. ¿Estamos dispuestos como cultura, tanto pacientes como médicos, a marginar una terapia increíblemente eficaz a expensas de cierta comodidad? La pregunta es especialmente pertinente si se tiene en cuenta que el precio que se paga es tan increíblemente alto. "Una de las cosas que más me cabrea es todo eso del grado de dificultad; no es una cuestión médica", dijo Abrahams. "Cuando estás sujetando a tu hijo mientras tiene cientos de convulsiones al día, y luego descubres que los médicos no te están dando toda la información... porque piensan que 'es demasiado difícil'... ¿en qué facultad de medicina enseñaron un curso sobre lo que se considera demasiado difícil para los padres de un niño gravemente enfermo?".

Hacerlo bien no es trivial. La epilepsia afecta a 65 millones de personas en todo el planeta, casi el uno por ciento de la población mundial. La estadística más actualizada publicada por los CDC afirma que 1 de cada 26 personas desarrollará epilepsia en algún momento de su vida. A pesar de las pruebas exhaustivas, más de la mitad de los casos son idiopáticos, lo que significa que no se encuentra ninguna razón para la enfermedad. Afecta sobre todo a niños, pero también puede afectar a adultos, y las probabilidades aumentan con la edad. Es una enfermedad aterradora porque hay muchas incógnitas.

Todavía hoy, tras siglos de investigación, los investigadores no pueden decir exactamente qué es un ataque, de dónde viene o por qué se detiene. Aparecen palabras como "multifactorial" y "efecto de red" que, aunque son ciertas, en realidad son una forma de decir "no lo sabemos exactamente", un cubo en el que arrojar problemas muy difíciles. La epilepsia erosiona los bordes de la vida, interrumpiendo, robando y aislando a sus víctimas. No es pasiva. Con el tiempo, si es lo bastante grave, la epilepsia no permite que el cerebro se desarrolle correctamente. Es una carga tremenda para las sociedades de todo el mundo. Y dejar que una terapia extraordinaria siga sin prescribirse por una apatía indefinida es trágico y merece una explicación.

Casi al final del especial de Dateline sobre la historia de Charlies, el reportero hizo una última pregunta a la Dra. Shields: "El Dr. Freeman nos dice que entre el cincuenta y el setenta por ciento de los pacientes que entran por sus puertas y se someten a la dieta cetogénica tienen éxito. ¿Se le ocurre algún fármaco, en estos casos difíciles, que tenga tasas de éxito del cincuenta al setenta por ciento?". El Dr. Shields volvió a mirar al techo antes de contestar: "Probablemente, nada que llegue a ese nivel". Tras reflexionar un poco, el Dr. Shields dio marcha atrás, y se le ocurrió una posible explicación para esta sorprendente situación - una razón por la que la dieta es tan a menudo ignorada. "No hay ninguna gran compañía farmacéutica detrás de la dieta cetogénica.

Y nunca la habrá, a menos que alguien empiece a comercializar salchichas y huevos con salsa de nata por encima como un medicamento". Abrahams está de acuerdo con la valoración del Dr. Shield sobre por qué la dieta permanece en la sombra. "No tiene forma de píldora, no puede administrarse con un bisturí, y los únicos que se benefician de la dieta cetogénica son los pacientes", afirma Abrahams.

En primera línea de los esfuerzos de la Fundación Charlie está su nutricionista jefe, Beth Zupec-Kania. Durante sus 24 años en la Fundación Charlie, Beth ha formado a dietistas en 10 países y ha tratado a miles de pacientes epilépticos en todo el mundo. Quizás más que nadie, ella ha sido testigo directo del poder de la dieta cetogénica para tratar la epilepsia. Normalmente, cuando ve a un paciente, éste está tomando al menos dos medicamentos anticonvulsivos, han fallado muchos más, están enfermos, frustrados y agotados. Los pacientes que finalmente recurren a la dieta lo hacen por más de una razón, dice Zupec-Kania: "Sus convulsiones continúan sin disminuir, o están experimentando efectos secundarios tan graves que son esencialmente no funcionales, o ambas cosas. Por desgracia, suelen ser ambas cosas". La mayoría quedan sumidos en un estado de letargo pronunciado a causa de los fármacos.

Algunos fármacos son peores que otros. "El peor es el Topamax", dice Zupec-Kania. "El apodo con el que los médicos lo llaman a espaldas de los pacientes es 'Dope-a-max' porque te hace sentir muy mareado. Los pacientes no pueden pensar en palabras que antes conocían". Con la dieta, dice que los padres suelen notar una notable mejoría mental una vez que el niño alcanza la cetosis. Y esta mejora se produce mientras los pacientes toman la misma cantidad de fármacos. Los neurólogos no suelen empezar a reducir los fármacos hasta que el paciente ha mantenido la dieta durante al menos un mes; después está claro que la tolera bien. La diferencia es sorprendente. "De repente, el niño empieza a prestar atención o a hilvanar palabras, como si saliera de la niebla", explica Zupec-Kania. "Jim tiene un vídeo de una madre describiendo a su hijo de seis años: 'se levantó, fue al baño, se aseó y volvió a la cama, y no lo había hecho en el último año'. En cuanto entró en cetosis, recuperó su vida".

Zupec-Kania afirma que los efectos secundarios a corto plazo de la dieta son evitables y que los investigadores aún no han encontrado efectos secundarios a largo plazo. De hecho, ella tiene una opinión diferente. "Creo que estos pacientes están más sanos por lo que no comen. Después de haber trabajado con miles de personas, muchas de ellas seguirán dejando los alimentos procesados y el azúcar fuera de su dieta y, a la larga, estarán más sanas", afirma. A lo largo de su cuarto de siglo de experiencia también ha hecho otra observación sorprendente.

Los límites estrictos de la dieta, la proporción de 4 a 1 que ha sido el "patrón oro" para los pacientes, pueden no ser tan vitales para lograr el control de las crisis como se pensaba. "Muchos pacientes probablemente no necesiten una dieta cetogénica completa para mejorar; probablemente podríamos utilizar algo mucho más liberal y conseguir el mismo efecto. Y ni siquiera estoy hablando de la dieta Atkins modificada (que se utiliza principalmente para adolescentes y adultos con epilepsia), sino de una dieta de tipo paleo. Anoche hablé con una madre que me dijo que su hijo empezó a tener convulsiones de la nada y que después de que su nutricionista eliminara el trigo y el azúcar de su dieta, sus convulsiones cesaron inmediatamente. Me encantaría evitar a algunas personas la dificultad de la forma rígida de la dieta si no es necesaria. Y ahora estamos descubriendo que sólo una dieta de bajo índice glucémico puede funcionar en algunos casos. Hay todo un espectro de personas y todo un espectro de dietas para satisfacer sus necesidades.

**El Dr. Jung Rho, de la Universidad de Calgary,** está al frente del esfuerzo actual por responder a la pregunta original de Howland. Para Rho, la pregunta sigue siendo tan inquietante hoy como lo era en 1921. Rho está a punto de finalizar una beca de dos millones de dólares y cinco años concedida por los NIH para descubrir el mecanismo que subyace a la acción de la dieta cetogénica sobre la epilepsia. Y al igual que los que le precedieron - Cobb, Lennox, Gamble y el Dr. Howland - la respuesta, escribió Rho, "sigue siendo esquiva". La estimación de Rho del efecto de la dieta es esencialmente la misma que la descripción de Lennox de "piedras formando un mosaico" hace casi un siglo: "En la actualidad, existen muchas hipótesis sobre la acción de la dieta cetogénica y, aunque cada una de ellas es única y convincente, cada vez es más evidente que la dieta cetogénica probablemente funciona a través de múltiples mecanismos", escribió Rho.

No es de extrañar que Rho y otros aún no hayan podido determinar el mecanismo de acción exacto de la dieta, dada la naturaleza del cerebro humano, un órgano con 125 billones de sinapsis neuronales sólo en la corteza cerebral, un número aproximadamente igual al de estrellas en 1.500 galaxias de la Vía Láctea. Este nivel de asombrosa complejidad, combinado con el hecho de que el mecanismo fisiopatológico que subyace a las convulsiones sigue siendo en gran medida desconocido, parece haber dejado la pregunta de Howland todavía fuera de nuestro alcance tecnológico. Tal vez la conclusión más importante de la investigación de Rho sea una comprensión más profunda de la naturaleza de la epilepsia: "La literatura científica sobre la enfermedad de Kawasaki apoya firmemente la idea de que la epilepsia puede representar en parte una "enfermedad metabólica", y que este concepto podría servir como un nuevo marco para el desarrollo de fármacos anticonvulsivos más eficaces", escribió Rho en julio de 2015.

## "El genio ha salido de la botella"

**A pesar de que, en el ámbito de la medicina, impulsada en gran medida por los incentivos,** la dieta cetogénica sigue estando claramente infraprescrita hoy en día como terapia para la epilepsia, Jim Abrahams consiguió por sí solo devolver esta terapia olvidada a la conciencia pública y científica. Antes de su campaña impulsada por Hollywood, la dieta yacía dormida - un artefacto - después, los investigadores volvieron a sentirse atraídos por el curioso poder de la dieta cetogénica. Sin saberlo, Jim resucitó una pregunta de una época pasada. Para cualquier bioquímico curioso, sigue siendo asombroso por derecho propio que un simple cambio en el consumo de macromoléculas pueda tener un efecto tan profundo en la química del cerebro.

A finales de los 90, los investigadores dedicaron su atención y espacio de laboratorio a la dieta cetogénica con un fervor revolucionario. El número de artículos de investigación que contenían la frase "dieta cetogénica" se disparó: de sólo doscientos veinticinco antes del año 2000, a mil cuatrocientos en los quince años posteriores al año 2000. Los primeros artículos publicados trataban casi exclusivamente sobre el papel de la dieta en la epilepsia, pero a principios de siglo los investigadores empezaron a explorar los márgenes de la dieta, estudiando su posible papel más allá de la epilepsia. Por primera vez, los investigadores empezaron a plantearse otras cuestiones sobre la dieta: ¿podría utilizarse para tratar o prevenir otras enfermedades?

Primero fue el cáncer, en 1995. Se trataba de un estudio minúsculo - sólo dos niñas con cáncer cerebral-, pero los resultados dejaron entrever un potente efecto y precipitaron una avalancha de investigaciones sobre la cetosis y el cáncer. A medida que los bioquímicos descubrían los detalles mecánicos únicos de la cetosis, se abrían nuevas posibilidades. Un artículo publicado en 2003 por Richard Veech y George Cahill, científicos de los NIH, fue un canto de sirena.

En concreto, sugería que la dieta cetogénica, o los cuerpos cetónicos por sí mismos, tenían el potencial de afectar a una amplia gama de condiciones patológicas precipitadas por la resistencia a la insulina y el metabolismo mitocondrial disfuncional, procesos fundamentales que pueden conducir a una constelación de problemas. "¿Cuáles son los usos potenciales del beta-hidroxibutirato además de la epilepsia pediátrica?", preguntó Veech. "En teoría, cualquier afección en la que el suministro de oxígeno a las células pueda estar limitado es una vía de investigación. La lista abarcaría casi todas las enfermedades". El artículo era un pie en la puerta, detrás del cual había un espectro abierto de posibilidades.

**Otros investigadores tomaron nota.** En 2004 se iniciaron estudios sobre el rendimiento físico, el Alzheimer y la depresión. La enfermedad de Parkinson, las lesiones cerebrales traumáticas, la diabetes de tipo 2, la enfermedad del cuerpo de Lafora, el síndrome de ovario poliquístico (SOP) y el síndrome metabólico en 2005, la esclerosis lateral amiotrófica (ELA o enfermedad de Lou Gehrig) en 2006 y la enfermedad del hígado graso no alcohólico en 2007.

Increíblemente, quizá de forma contraintuitiva, la dieta cetogénica se mostró prometedora para "modificar" el curso de una enfermedad tras otra. El espectro extrañamente amplio de enfermedades que la dieta parecía atenuar cogió desprevenidos a muchos investigadores. Claramente, la dieta era capaz de cambiar el metabolismo y la expresión genética a un nivel básico que prevenía, rejuvenecía y protegía las células, los tejidos y los órganos (especialmente el cerebro) de la acumulación de daños causantes de enfermedades. Como en el caso de la epilepsia, en la mayoría de los casos la influencia exacta de las cetonas en la variedad de enfermedades seguía siendo elusiva. La pregunta de Howland se amplió enormemente.

La Fundación Charlie se convirtió en un conducto para la repentina expansión del interés por la dieta cetogénica. Las llamadas, antes dominadas por las súplicas de pacientes epilépticos, dieron un brusco giro hacia otras enfermedades. Ahora, en torno al cambio de siglo, cuando sonaba el teléfono o llegaba un correo electrónico, lo más probable era que se tratara de un paciente de cáncer, o de alguien con Alzheimer, Parkinson u otros problemas más oscuros. La Fundación decidió evolucionar y se dejó llevar por la ciencia. Cambiaron su nombre de Fundación Charlie para la epilepsia pediátrica a Fundación Charlie para las terapias cetogénicas.

De repente, Zupec-Kania se encontró enseñando la dieta a un grupo mucho más amplio de profesionales de la salud. "Ahora recibimos más llamadas de pacientes con cáncer que de epilépticos", afirma. Zupec-Kania ha observado que la utilidad de la dieta sigue creciendo y ondulándose, abarcando dolencias adicionales; su círculo de eficacia, sorprendentemente, sigue ampliándose. "Cada vez recibo más llamadas de personas con migrañas, que padece el 16% de los estadounidenses. Hemos descubierto que la dieta es súper eficaz para las migrañas. Y sorprendentemente, el otro son los sofocos de la menopausia. La dieta cetogénica, incluso una dieta cetogénica liberal, cura los sofocos."

**Durante la mayor parte de la historia, la epilepsia se consideró una posesión sobrenatural.** Aún hoy perduran vestigios de una dimensión mística. Sabemos que la enfermedad es de origen biológico, pero sigue siendo un enigma, trasciende nuestra capacidad de explicarla sucintamente. Que un sutil cambio en el metabolismo energético sea capaz de exorcizar los ataques epilépticos evoca imágenes de curación preternatural; una fuerza biológica más allá de nuestra comprensión. Increíblemente, el descubrimiento de que la transición beneficiosa al metabolismo cetónico se extiende mucho más allá de la epilepsia, a ámbitos inimaginables de la enfermedad, sólo lleva esta imagen más allá - tan evocadora como asombrosa.

La literatura refleja este sentimiento; palabras como "mágico, supercombustible, jet-fuel y bala mágica", se deslizan de las plumas de científicos típicamente escépticos, objetivos y clínicos. El cambio de siglo marcó la transición. Ahora se abre la puerta a una nueva era de la medicina que, refrescantemente, podría tener más que ver con la prevención que con el interminable juego del gato y el ratón de diagnosticar y tratar las enfermedades una vez que se han enquistado de forma intratable, un juego que es, casi por definición, imposible de ganar. Pero incluso va más allá de la prevención. La investigación sobre las cetonas nos ha llevado a imaginar que es posible elevarnos a niveles aún más altos de salud y vitalidad. Se avecina una nueva y audaz era de la medicina. Nunca nos habíamos preguntado si nuestra salud puede elevarse, optimizarse y ampliarse con unos recursos tecnológicos tan vastos a nuestro alcance.

La naturaleza híbrida del metabolismo humano para utilizar las cetonas como fuente de energía no se apreció plenamente hasta la década de 1960. E incluso entonces se solía confundir con la cetoacidosis diabética, un trastorno patológico que no tiene nada que ver con el ayuno o la cetosis nutricional en general. Sin embargo, ambas enfermedades se confundieron y el verdadero potencial modificador de la enfermedad de la cetosis nutricional no se apreció plenamente hasta el cambio de siglo. Ahora sabemos que el cambio al metabolismo cetónico va mucho más allá del cambio de un combustible por otro. Oculto justo debajo de la superficie hemos descubierto una nueva capa de complejidad: ahora sabemos que las cetonas tienen un impacto absolutamente profundo en la fisiología humana. Fundamentalmente, actúan como moléculas de señalización y transmiten mensajes profundamente conservados a nuestro ADN, mensajes que afectan enormemente a nuestra salud en general.

Las cetonas modifican la arquitectura de nuestro ADN, reorganizando su expresión y activando las mismas vías de rejuvenecimiento estimuladas por la restricción calórica o el ayuno periódico. Las cetonas parecen reducir poderosamente las vías inflamatorias, el proceso latente al que se atribuye un amplio espectro de problemas, incluso una reducción de la esperanza de vida en general. Existe un consenso cada vez mayor de que la mayoría de las denominadas enfermedades modernas de la civilización -obesidad, diabetes de tipo 2 y Alzheimer (ahora denominada diabetes de tipo 3), cáncer y muchas otras- se propagan desde un núcleo central de disfunción metabólica. Estas enfermedades modernas, antes consideradas patológicamente distintas, convergen hacia el mismo lugar central - un lugar en el que el metabolismo cetónico concentra su profunda capacidad rejuvenecedora y reparadora.

Como ha dicho el Dr. Veech: "La cetosis es un estado fisiológico normal. Yo diría que es el estado normal del hombre. No es normal tener un McDonald's y un Delicatessen en cada esquina. Lo normal es pasar hambre". Quizá muchas de nuestras dolencias modernas sean el resultado de alejarnos demasiado de nuestro estado natural de existencia.

Es fácil reconocer la resistencia de la sociedad a cualquier ajuste rígido de la dieta y se busca encontrar atajos. "El siglo XX fue sobre la comprensión de la dieta cetogénica", dijo el Dr. Wheless. "El siglo XXI va a consistir en intentar capturar sus increíbles beneficios en una píldora".

La ciencia es un edificio en constante construcción. Los avances que hacemos hoy se levantan sobre unos cimientos construidos por otros. Además de todos los mencionados en el artículo, el trabajo de los doctores Richard Veech, Sami Hashim y Henri Brunengraber ha puesto el hormigón sobre el que todos los que trabajamos en este campo trabajamos y construimos. Estos gurús del metabolismo fueron los responsables de abrir las persianas e iluminar el potencial terapéutico de la suplementación con cetonas exógenas.

Subidos a los hombros de estos gigantes, nuestro laboratorio de la Universidad del Sur de Florida ha estado estudiando los efectos de la suplementación con cetonas en numerosos estados patológicos, el rendimiento físico y la resistencia frente a entornos extremos. ¿Podrían estas pequeñas moléculas, que antes se consideraban residuos metabólicos, ser capaces de tratar y prevenir una serie de enfermedades metabólicas? ¿Suponen los mismos beneficios que la restricción calórica o el ayuno intermitente? ¿Pueden mejorar nuestra salud, vitalidad y longevidad, permitiendo a los baby boomers, una generación que se niega a "irse suavemente en esa buena noche", extraer más de la vida durante más tiempo? Los resultados iniciales parecen prometedores: los datos que se desprenden rápidamente de los estudios sobre la cetosis nutricional son convincentes y tienen implicaciones de gran alcance. Quizás Jim Abrahams lo dijo mejor: "El genio ha salido de la botella".

# Agradecimientos


Gracias a los autores por su amable permiso para publicar estos textos:
**Dr. Thomas Seyfried,** Boston College
Su pagina web: https://tomseyfried.com/

Su libro en Amazon:

https://www.amazon.com/Cancer-Metabolic-Disease-Management-Prevention/dp/0470584920


**Dr. Dominic D'Agostino**
Su pagina web: https://www.ketonutrition.org/

**Travis Christofferson, M.S.**
**Su fundación para apoyar la investigación del Dr. Seyfrieds:**
**https://foundationformetaboliccancertherapies.com/**
Sus libros en Amazon:
https://www.amazon.com/Travis-Christofferson/e/B00OAQSZOA


**Julie Foucher, M.D.**
Su pagina web: https://pursuing-health.com/

Tambien agradecemos a CrossFit por acoger las charlas y por su apoyo.
Su pagina web: https://www.crossfit.com/


Por ultimo, pero no menos importante: Tambien nos gustaria dar las gracias a Robb Wolf por su excelente trabajo y su perspicaz plataforma,
**Su pagina web:** https://robbwolf.com/

EL
DIETA CARNÍVORA
DE
DR JORDAN PETERSON
& MIKHAILA PETERSON
CÓMO
LA CARNE
CURÓ
CHUCK
RIB-EYE
SIRLOIN
RUMP
FILLET
SHOULDER
BRISKET STRIP
FLANK
ROUND
BRISKET
PLATE
Par Excellence
1930
SU DEPRESIÓN,
ANSIEDAD Y
ENFERMEDADES

El libro ofrece 11 capítulos de transcripciones revisadas del libro del Dr. Jordan Peterson y Mikhaila Peterson en:

- cómo curaron su enfermedad, depresión y problemas de salud con la dieta carnívora y

- cómo las personas enfermas podrían comenzar este tipo de alimentación también. Las transcripciones son las siguientes:

1. La agenda con Steve Paikin Digerir la depresión
2. Podcast de Joe Rogan 1070
3. Podcast de Joe Rogan 1139
4. Entrevista de podcast de Mikhaila Peterson con Robb Wolf, incluido el análisis de sangre
5. Entrevista de podcast con Ivor Cummins
6. Charla de Mikhaila Peterson en la Carnivore Conference en Boulder, 2019
7. Blog de Mikhaila Peterson: La dieta Introducción de su dieta Lion en YouTube
8. Mikhaila Peterson: ¿Deberías comenzar una dieta de eliminación?
9. Mikhaila Peterson: la dieta del león de Jordan Peterson
10 Mikhaila Peterson: The Lion Diet (Introducción de su dieta en YouTube
11. Transcripción adicional: Dr. Shawn Baker hablando sobre su puntaje de calcio coronario y su estado general de salud con años de ser carnívoro.

# Sources

**Chapter**

1)        Text (editors revised transcription) and slides based on      Youtube video:

**Channel:** „ CrossFit® "

**Channel-Url:** https://www.youtube.com/channel/UCtcQ6TPwXAYgZ1Mcl3M1vng

**Title:** " Dr. Thomas Seyfried: Cancer as a Mitochondrial Metabolic  Disease "

**Video-Url:** https://www.youtube.com/watch?v=KusaU2tax0w

2)        Text (editors revised transcription) and slides based on      Youtube video:

**Channel:** „ CrossFit® "

**Channel-Url:** https://www.youtube.com/channel/UCtcQ6TPwXAYgZ1Mcl3M1vng

**Title:**      " Dr. Dominic    D'Agostino:    Emerging    Applications    of Nutritional Ketosis "

**Video-Url:** https://www.youtube.com/watch?v=_blupWpZ5F4 ( 32-43 / 54-57)

3)        Text (editors revised transcription) based on Youtube video:

**Channel:** „ Julie Foucher "

**Channel-Url:** https://www.youtube.com/channel/UCWDto2R36n9pwwXq1HgjYHA

**Title:** " Challenging Conventional Cancer Care with Dr. Thomas      Seyfried - PH97 "

**Video-Url:** https://www.youtube.com/watch?v=_beGwmBYBlo

4)        **Article:** Taken from https://robbwolf.com/

      **Article URL:** https://robbwolf.com/2015/09/24/the-origin-and-future-of-the-ketogenic-diet-part-1/ (and following)

      **Article Title:** „ The Origin (and future) of the Ketogenic   Diet "

      **Article  authors:**    Dr.    Dominic    D'Agostino    &    Travis Christofferson